Nikolai Alexandrowitsch Berdiajew

Im Herzen die Freiheit

Impressum

Bibliographische Informationen der Deutschen National-
bibliothek, abrufbar unter http://dnb.ddb.de

Buchgestaltung und Satz: impulsar-werkstatt.de

Berdiajew, Nikolai Alexandrowitsch
Im Herzen die Freiheit. Das Bürgertum zwischen
Sinnsuche und Selbstgeißelung
104 Seiten, Bad Schmiedeberg 2018

1. Auflage 2018
Originaltitel: Von der Würde des Christentums und
der Unwürde der Christen, Luzern 1936

www.renovamen-verlag.de

Aus dem Russischen übersetzt von J. Schor

ISBN 978-3-95621-133-1

Nikolai Alexandrowitsch Berdiajew

IM HERZEN DIE FREIHEIT

Das Bürgertum zwischen Sinnsuche
und Selbstgeißelung

Renovamen Verlag

INHALT

VORWORT

Zur Person des Autors

Nikolai Alexandrowitsch Berdiajew würde es verdienen, zu den bekannteren russischen Autoren zu zählen. Geboren am 6. März 1874 in einer russischen Adelsfamilie, wurde er schon früh Marxist und 1898 zum ersten Mal – für drei Jahre – verbannt. Inspiriert von Wladimir Solowjow, wandte er sich bald dem russisch-orthodoxen Christentum zu. Im Zuge der »Aktion Philosophenschiff« wurde er 1922 von der bolschewistischen Regierung Sowjetrusslands unter Lenin als »missliebiger Intellektueller« außer Landes gebracht.

Zunächst ließ er sich in Berlin nieder und traf dort Männer wie Max Scheler, Oswald Spengler und Paul Tillich. Seine Werke waren im Dritten Reich aufgrund seiner angeblich »probolschewistischen Einstellung« verboten. Zwei Jahre später zog er nach Paris. Am 23. März 1948 verstarb er in der Nähe der französischen Hauptstadt.

Zum vorliegenden Essay

Das Denken Berdiajews lässt sich vielleicht durch folgendes Zitat am besten zusammenfassen: »In seinem Denken gilt der Primat der Freiheit über das Sein, der Person über das Allgemeine, der Liebe über das Gesetz«.[1]

Der 1931 verfasste und 1936 in der Schweiz in deutscher Übersetzung erschienene Aufsatz wurde unter dem für heutige Leser nicht besonders attraktiven Titel »Von der Würde des Christentums und der Unwürde der Christen« publiziert[2]. Berdiajews Ausführungen sind aber nicht nur interessant, sondern zweifelsohne gerade heute noch wegweisend in der Auseinandersetzung zwischen Anpassung an die Welt von heute und authentischem Christentum. Denn der Christ vermag, unter dem Einfluss des lebendigen Gottes, wie kein anderer – gestärkt von der Gnade und in Mitwirkung mit der göttlichen Vorsehung – die aktuelle Situation schöpferisch und naturgemäß zugleich zu gestalten. Der bourgeoise Christ aber fesselt seine übernatürliche Lebensenergie durch sein »Gelten-wollen« und geißelt sich sozusagen damit selbst am Pranger der »Weltmeinung«. Deshalb auch der neue Titel: »Im Herzen die

1 Zwahlen, Regula (2015): »Nikolaj Berdjajew« [online] http://www.dekoder.org/de/gnose/nikolaj-berdjajew Zugriff: 15.01.2018

2 Leider ist dieser Essay nicht einmal in der lesenswerten Dissertation von Regula Zwahlen im Werkverzeichnis angeführt: Zwahlen, Regula (2010): *Das revolutionäre Ebenbild Gottes: Anthropologien der Menschenwürde bei Nikolaj A. Berdjaev und Sergej N. Bulgakov*, Münster: LIT Verlag.

Freiheit. Das Bürgertum zwischen Sinnsuche und Selbstgeißelung«.

In einem ersten Teil seiner Abhandlung stellt Berdiajew das »historische Christentum« dem gottmenschlichen Wesen der Kirche gegenüber. Die Kritik an historischen Fehlleistungen von Christen widerlegt keineswegs das göttliche Wirken der Kirche in der Verkündigung des Glaubens und der Vermittlung des Gnadenlebens dank der Sakramente. Wer das Christentum nur an den äußeren Taten der Christen misst, hat nichts vom Wesen der Kirche verstanden.

Erst im Hinblick auf die göttliche Wirkmacht der Kirche erkennt man das Drama vieler Menschen und Generationen. Sie unterwerfen sich dem Geist des Bürgertums, anstatt als freie Persönlichkeiten zu leben. Dies gilt leider für Christen aller Zeiten, besonders aber für die heutigen.

Ob Kommunist, Nationalsozialist oder kirchlicher Modernist, das Denkmuster ist immer gleich banal: »Das Bürgertum von dem hier die Rede ist, betrifft das Menschentum, das sich seiner selbst erst als Bürger bewußt wird und in dem das menschliche Selbstbewußtsein, eben nicht primär menschlich, sondern bürgerlich bestimmt ist. [...] Auf allen Gebieten will der Bürger etwas *scheinen* und hat keine Kraft zu *sein*. Er lebt nicht durch die schöpferische ontologische Kraft seiner Persönlichkeit, sondern durch die scheinbare Kraft des Milieus, in dem er seine Position innehat oder zu erwerben sucht.« Dieses »Anerkannt-Scheinen« war immer schon der Tod eines freien Lebens. »Der Bürger vergöttlicht die Eitelkeit und das Vergängliche. Sein ›Tun‹ erscheint ihm göttlich; ja sein ›Tun‹ verdunkelt für ihn die Ziele und sogar den Sinn des Lebens. Hinter dem, was er sein Tun nennt, sieht er weder das menschliche Antlitz noch die Natur, weder Himmel noch Sterne. Alles wird für ihn durch ein eitles Versenken eben in sein eigenes Tun, in seine eigene Herrlichkeit ersetzt. Sein Wille ist ganz und gar vom Streben nach Organisation des Lebens absorbiert, und so verliert er die Fähigkeit, am Leben Freude zu haben. Er ist ein Organisator und Businessman. Die Organisation des Lebens aber erstickt in ihm das organische Leben.«

In einem dritten Abschnitt analysiert Berdiajew die geistige Situation der modernen Welt. Unter der Überschrift »Geist, Seele, Technik« stellt er u.a. fest: »Die Technik hat eine viel tiefere Bedeutung, als gewöhnlich angenommen wird. Sie erfüllt eine *kosmogonische Funktion*; sie schafft eine *neue Wirklichkeit*. Die Technik erzeugt eine neue Atmosphäre, die von den Energien gesättigt ist, welche früher in den Tiefen der Natur geschlummert haben. Denn die Technik bedeutet nicht nur die Macht des Menschen über die Natur, sondern auch die des Menschen über Menschen und Menschenleben. [...] Der Übergang vom Organismus zur Organisation bedeutet weiter eine Rationalisierung des Lebens.« Hier wirkt der Autor in seiner Schrift von 1931 prophetisch. Um menschenunwürdige Arbeitsverhältnisse zu verbessern, werden bereits »digitale Menschmodelle« u.a.m. eingesetzt. Das geht so weit, dass man bei maschinellen Entscheidungen von Handlungsalternativen von »kognitiven Menschmodellen« spricht. »Physiologisch-medizinische Menschmodelle« sollen Vorhersagen bei operativen Eingriffen ermöglichen. Inzwischen diskutiert man offen über »Kriegsroboter«, die autonom über den Einsatz von Massenvernichtungswaffen entscheiden könnten oder sollten, basierend auf dem unsinnigen Konstrukt einer »Roboethik«. Im Vergleich dazu wirkt die Onlinesucht vieler Zeitgenossen ausgesprochen harmlos. Es lassen sich bei Berdiajew noch weitere Verbindungen in unsere Zeit finden.

Aktuelle Bezüge

Lässt man sich Berdiajews Ausführungen über das Bürgertum durch den Kopf gehen, ergeben sich erstaunliche Parallelen zu unseren Zeitströmungen.

Kulturell ist der Feminismus bis hin zum Gender-Mainstreaming eine Form der christlichen Bourgeoisie, denn es geht lediglich um eine wie auch immer beschaffene *Rolle* anstatt um das geschaffene *Sein*. Dabei verkennt der Feminismus, dass er selbst sich nur im Kontext des Christentums entwickeln konnte, denn »es gibt keinen ursprünglichen Feminismus im außereuropäischen oder außerchristlichen Kulturraum.«[3]

3 Gerl-Falkovitz, Hanna-Barbara (2009): *Frau – Männin – Menschin. Zwischen Feminismus und Gender*, Kevelaer: Butzon & Bercker, S. 82.

Politisch sollten wir einerseits als moderne Weltbürger, ohne Heimat und religiöse Überzeugung, offen für alle Lebensformen und damit ohne Identität und Persönlichkeit »Welt-Spießbürger« im Berdiajewschen Sinne werden. Andererseits ist auch der sich in Europa ausbreitende Islam von dieser Bürgerlichkeit geprägt. Als Einzelne oder in einer sozialen Minderheit leben Mohammedaner angepasst und unterwürfig, sie entpuppen sich aber als unbeugsam und herrschend über die menschliche Persönlichkeit, sobald sie sich als Mehrheit empfinden – von den Islamisten einmal ganz abgesehen. Das Zusammenprallen dieser beiden Bürgerlichkeiten wird jedenfalls spannend, aber keinesfalls trostreich.

Religiös hat das Christentum nach Berdiajew das Potential zu einem wahren Ausgleich all dieser Antinomien, wenn die Christen sich ihres Glaubens würdig erwiesen. »Der Geist des Bourgeois aber siegt immer dann, wenn in der christlichen Welt eine irdische Stadt als himmlische anerkannt wird und die Christen aufhören, sich als Wanderer in dieser Welt zu fühlen.« Diesbezüglich ist unser aktueller Papst Franziskus leider keine Quelle der Hoffnung, denn seine befreiungstheologische Vision von Kirche und Welt ist nichts anderes als vorbildlich bourgeoise. Das zeigt sich z.B. in seinem Apostolischen Schreiben *Evangelii Gaudium*: »Heute, da die Netze und die Mittel menschlicher Kommunikation unglaubliche Entwicklungen erreicht haben, spüren wir die Herausforderung, die Mystik zu entdecken und weiterzugeben, die darin liegt, zusammen zu leben, uns unter die anderen zu mischen, einander zu begegnen, uns in den Armen zu halten, uns anzulehnen, *teilzuhaben an dieser etwas chaotischen Menge, die sich in eine wahre Erfahrung von Brüderlichkeit verwandeln kann, in eine solidarische Karawane,* in eine heilige Wallfahrt.«[4] Ganz anders Berdiajew, der im geistigen Ringen seiner Zeit schöngeistigen Illusionen keinen Platz einräumte, sondern im Wissen um den Beistand Christi, des Gottmenschen, feststellte: »Die harte Realität zerreibt die zarten Gefühle und feinen Erlebnisse. *Nur ein strenger und abgehärteter Geist vermag der anbrechenden Weltangst zu trotzen.«* Anhand seiner Analyse fällt es fast schon leicht, das Spießige moderner Christen mit ihre Weltliebe bzw. Weltangst hinter sich zu lassen, und um ein Christentum zu ringen, das diesen Namen verdient.

P. Michael Weigl FSSPX.
Bonn, 11. Dezember 2017

4 Apostolisches Schreiben EVANGELII GAUDIUM des Heiligen Vaters Papst Franziskus, 24. November 2013, Nr. 87.

I

VON DER WÜRDE DES CHRISTENTUMS UND DER UNWÜRDE DER CHRISTEN

Die Christen als Ärgernis

Giovanni Boccaccio erzählt uns die Geschichte eines Israeliten, den sein christlicher Freund zum Übertritt zum Christentum bewegen wollte. Der Israelit hatte sich bereits entschlossen, den Übertritt zu vollziehen, wollte aber zuvor noch Rom besuchen, um einen persönlichen Einblick in die Lebensweise des Papstes, der Kardinäle und anderer Kirchenfürsten zu gewinnen. Der christliche Freund aber erschrak vor diesem Entschluss; mit Recht befürchtete er, dass alle seine Bemühungen ergebnislos bleiben würden, weil das Schauspiel des unwürdigen Treibens der römischen Geistlichkeit den Israeliten von seinem Übertritt zurückhalten müsste. Der Israelit begab sich nach Rom und sah die Laster, die zu jener Zeit am päpstlichen Hofe und in den Kreisen des römischen

Klerus herrschten. Als er dann aber nach Hause zurückkehrte und von seinem christlichen Freunde mit der bangen Frage über seine römischen Eindrücke empfangen wurde, gab er eine unerwartete und tiefsinnige Antwort: wenn der christliche Glaube durch all diese Skandale und Scheußlichkeiten, die in Rom geschehen, nicht erschüttert wurde, wenn er sich dem allem zum Trotz festigen und entfalten konnte, so muss er in der Tat der wahre Glaube sein. Also entschloss sich der Israelit, den Übertritt zum Christentum zu vollziehen.

Was auch immer die Absicht Boccaccios bei der Abfassung dieser Anekdote sein mochte, die Anekdote selbst zeigt uns den einzigen Weg, das Christentum zu verteidigen. Das größte Argument gegen das Christentum bilden die Christen selbst. Die Christen bedeuten einen Stein des Anstoßes für die Menschen, die zum Christentum zurückkehren möchten. Diese Tatsache wird in unserer Zeit oft missbraucht. Heute, da der Glaube zu versiegen droht und der Unglaube eine allgemeine Verbreitung gefunden hat, pflegt man das Christentum nach den Christen zu beurteilen; in früheren Zeiten dagegen hat man das Christentum vor allem nach seinen ewigen Wahrheiten, nach seiner Lehre und seinen Dogmen gewertet. Unser Zeitalter ist aber von dem Menschen und dem Menschlichen zu sehr beherrscht. Die schlechten Christen stellen das wahre Christentum in den Schatten. Ihre bösen Handlungen, ihre verdrehten Ansichten, durch die sie ihre Religion entstellen und verzerren, ihre Ausschreitungen, kurz – ihre ganze Haltung drängt sich dem Bewusstsein unserer Zeit auf und verdunkelt das Bild des echten Christentums. Die Mehrzahl unserer Zeitgenossen glaubt, dass die großenteils entarteten und oberflächlichen Anhänger des Christentums dessen wahre Vertreter sind. Das Christentum ist eine Religion der Liebe, wird aber nach den bösen und hasserfüllten Christen beurteilt. Das Christentum ist eine Religion der Freiheit, wird aber nach den Gewalttaten der Christen bewertet, die sie im Laufe der Geschichte verübt haben. Die Christen kompromittieren ihren Glauben und werden zu einer Versuchung für die Kleingläubigen.

Nicht selten wirft man uns vor, dass die Vertreter anderer Religionen – Buddhisten, Mohammedaner und Juden – besser als die Christen seien, da sie die Gebote ihrer Religion im höheren Masse erfüllen. Man macht uns ferner auf die Ungläubigen, auf die Atheisten und Materialisten aufmerksam, die den Christen sittlich überlegen sind, ihr Leben in einem idealistischeren Sinne gestalten und mehr als die Christen zur Selbstaufopferung bereit sind. In der Tat beruht die Unwürde vieler Christen eben darin, dass sie die Gebote ihrer Religion nicht erfüllen, und dass sie diese umformen und entstellen. Aber nur eben darum, weil die Forderungen des Christentums ein höheres geistiges Niveau haben, werden die Christen der Unwürde und der Unfähigkeit beschuldigt, sich auf dieses Niveau emporzuheben. Wie kann aber die Unwürde der Christen dem Christentum zur Last gelegt werden, wenn gerade die Entzweiung zwischen den Christen und ihrer Religion als Hauptargument gegen die unwürdigen Christen dient? Ohne Zweifel sind diese Beschuldigungen ein Widerspruch in sich selbst. Wenn die Anhänger anderer Religionen ihrem Glauben und dessen Gesetzen treuer sind, so doch nur darum, weil deren Gesetze leichter zu realisieren sind, die christlichen Gebote aber auf einer nur schwer erreichbaren Höhe stehen. Es ist viel leichter, ein Mohammedaner als ein Christ zu sein. Die Verwirklichung der Religion der Liebe ist unendlich schwierig; aber diese Religion verliert dadurch weder an Erhabenheit noch an Wahrheit. Christus trägt nicht die Verantwortung dafür, dass seine Religion in unserem Leben noch unvollendet und unverwirklicht bleibt und seine Gebote durch seine sogenannten Adepten missachtet werden.

Die Juden, die ihrem Glauben treu sind, pflegen zu behaupten, dass die Gesetze ihrer Religion den unschätzbaren Vorzug haben, im Leben realisierbar zu sein. Die jüdische Religion sei der menschlichen Natur besser angepasst, entspreche eher den Notwendigkeiten der irdischen Existenz und verlange weniger Selbstverleugnung als die christliche. Die christliche Religion übersteige die menschliche Kraft, ihre Gesetze seien ganz und gar undurchführbar, ihre Forderungen liefen der menschlichen Natur zuwider und verlangten von ihr Opfer, die über das menschliche Maß hinausgingen. Diese Juden betrachten das Christentum als eine Religion der Illusionen, die für das Leben nutzlos und darum schädlich sei.

Wir pflegen den sittlichen Wert der Menschen nach ihrem Glauben, nach ihren Idealen zu messen. Wenn ein Materialist sich als ein guter, seinem Ideal treuer Mensch erweist, fähig, diesem Ideal Opfer zu bringen, so staunen wir ob der Erhabenheit seiner Seele und sind bereit, ihn als Muster zu zitieren. Viel schwieriger ist es aber für den Christen, auf der Höhe seines Glaubens, seines Ideals zu bestehen, weil er seine Feinde lieben, sein Kreuz willig tragen, den Verführungen dieser Welt heroischen Widerstand leisten soll – alles Forderungen, von denen der Jude, der Mohammedaner oder der Materialist von vornherein frei sind. Das Christentum führt unser Leben auf der Linie des größten Widerstandes. Das Leben eines echten Christen ist eine Kreuzigung seiner selbst.

»Der Zusammenbruch des historischen Christentums«

Es wird manchmal bemerkt, dass das Christentum gescheitert ist und sich in der Geschichte nicht verwirklichen konnte; sein historischer Misserfolg wird dabei als gegenchristliches Argument gebraucht. Nicht nur die Christen – auch die Geschichte der christlichen Kirche soll gegen das Christentum zeugen.

Wir müssen anerkennen, dass die Lektüre der Arbeiten, die der Kirchengeschichte gewidmet sind, ein Stein des Anstoßes für alle diejenigen werden kann, die in ihrem Glauben schwanken. Diese Bücher sprechen von den Kämpfen in der christlichen Welt, von den Leidenschaften und den menschlichen Interessen, von der Entstellung und Verengung der Wahrheit im Bewusstsein der sündigen Menschheit. Nicht selten zeigen sie uns eine Geschichte der Kirche, die eine auffallende Ähnlichkeit mit der der Staaten, der diplomatischen Beziehungen, der Kriege usw. aufweist.

Die äußere Geschichte der Kirche ist sichtbarer Natur; sie kann jedem zugänglich gemacht werden. Anders verhält es sich mit dem inneren und geistigen Leben der Kirche, mit der Wendung des Menschen zu Gott, der Entfaltung der Heiligkeit. Es ist schwer, diese Dinge darzustellen, weil die äußere Geschichte der Kirche sie verhüllt und in den Schatten stellt. Die Menschen vermögen viel leichter das Schlechte als das Gute zu erblicken, sie sind viel empfänglicher für die äußere als für die innere Seite des Lebens. Ohne Mühe erfahren wir alles, was zum äußerlichen Treiben der Menschen gehört – von ihrer geschäftlichen oder politischen Betätigung, ihrem familiären und sozialen Leben. Wissen wir aber, wie diese Menschen zu Gott beten, wie sie sich bemühen, ihr seelisches Leben den Geboten der göttlichen Welt zu unterstellen, wie sie den geistigen Kampf gegen ihre Natur führen?

Oft wissen wir davon so gut wie gar nichts, ja wir ahnen meist nicht einmal das Vorhandensein eines geistigen Lebens bei den Menschen, mit denen wir verkehren, es sei denn, dass wir zu ihnen in einem sehr nahen Verhältnisse stehen und ihnen eine außergewöhnliche Aufmerksamkeit entgegenbringen. Im Gefüge des äußeren Lebens, das unseren Blicken offen liegt, entdecken wir leicht die Spuren böser Leidenschaften. Alles aber, was sich hinter diesen Leidenschaften verbirgt – die geistigen Kämpfe, das Emporsteigen zu Gott, die leidvollen Bemühungen, der Wahrheit Christi zu leben – kennen wir nicht oder wollen wir gar nicht kennenlernen. Es ist uns geboten, unseren Nächsten nicht zu richten; wir aber richten ihn unaufhörlich, und zwar nach seinen äußeren Handlungen, zum Teil nach seinem Gesichtsausdruck, ohne uns in sein inneres Leben zu vertiefen.

Nicht anders verhält es sich mit der Geschichte des Christentums. Wir dürfen hier nicht nach den äußeren Tatsachen urteilen, nach den Leidenschaften und menschlichen Sünden, die die Erscheinung des Christentums fortwährend entstellen. Wir müssen uns daran erinnern, was die christlichen Völker in der Geschichte zu überwinden hatten, wie ihre leidenschaftlichen Bemühungen waren, ihre alte Natur, ihr ererbtes Heidentum, ihr uraltes Barbarentum, ihre niedrigen Instinkte zu bekämpfen. Das Christentum musste einen Stoff durchdringen, der dem christlichen Geiste einen bedrohlichen Widerstand entgegensetzte. Die christliche Religion musste Völker im Geiste der Liebe erziehen, deren Instinkte mit Grausamkeit und Brutalität zutiefst verbunden waren. Das Christentum ist gekommen, um die Kranken zu heilen, nicht aber die Gesunden, um die Sünder zu retten, nicht aber die Gerechten. Die Menschheit, die sich zum Christentum bekehrt hat, ist sündig und krank. Die Kirche Christi aber ist nicht dazu berufen, die äußere Seite des Lebens zu organisieren und das Böse durch die Gewalt zu überwinden. Sie erwartet das Heil von der inneren und geistigen Wiedergeburt, von der Wechselwirkung zwischen der menschlichen Freiheit und der göttlichen Gnade. Und seiner ganzen Natur nach vermag das Christentum die Willkür der menschlichen Natur nicht zu zerstören, weil es die Freiheit des Menschen anerkennt.

Die Anhänger des materialistischen Sozialismus verkünden mit Nachdruck, dass das Christentum gescheitert sei, weil es das Reich Gottes auf Erden nicht verwirklichen konnte. In der Tat sind bereits 2000 Jahre vergangen, seit der Erlöser und Retter der Welt auf unsere Erde herabstieg, und dennoch hören das Übel und das Böse nicht auf, fortzubestehen, ja die Übel wachsen und mehren sich; die Welt ist von Leiden erfüllt, und die Schmerzen des Lebens haben sich durch die Tatsache der Erlösung der Welt nicht gemildert. Die materialistisch gesinnten Sozialisten versprechen, ohne Christus und Gott das zu erfüllen, was Christus nicht zu erfüllen vermocht hat: die Verbrüderung der Menschen, die Gerechtigkeit im sozialen Leben, den Frieden, das Reich Gottes auf Erden ... Und seltsamerweise gebrauchen die ungläubigen Menschen zuweilen gerne den Ausdruck: Reich Gottes.

Der einzige Versuch, den materialistischen Sozialismus zu verwirklichen, ist das russische Experiment. Dieses Experiment aber hat die erwarteten Ergebnisse nicht gezeitigt. Nicht darin sehe ich aber das Wesen der Frage. Das Versprechen des materialistischen Sozialismus, das Reich der Gerechtigkeit auf Erden zu errichten und das Böse und die Leiden auszulöschen, gründet sich nicht auf die menschliche Freiheit, sondern auf ihre Verletzung: dieses Reich soll durch eine zwangsmäßige soziale Organisation verwirklicht werden, die das äußere Übel unmöglich machen und die Menschen zum Guten, zur Tugend und zur Gerechtigkeit zwingen soll. Auf diesem Zwange beruht der wesentliche Unterschied zwischen diesem Sozialismus und dem Christentum. Der sogenannte »Zusammenbruch des Christentums in der Geschichte« ist ein Zusammenbruch, der durch die Erhaltung der menschlichen Freiheit verursacht wurde, durch den Widerstand dieser Freiheit gegen die Tat Christi, durch den Ausbruch des bösen Willens, den die christliche Religion mit Gewalt zum Guten weder hinführen will noch hinführen darf. Die christliche Wahrheit setzt die Freiheit voraus und erwartet von ihr den inneren und geistigen Sieg über das Böse. Praktisch kann wohl der Staat den Manifestationen des bösen Willens eine Grenze setzen – und er ist auch dazu berufen; doch werden auf diesem Wege das Böse und die Sünde nicht überwunden. Dieses Dilemma aber existiert für den materialistischen Sozialismus überhaupt nicht; er kennt weder das Problem des Bösen und der Sünde noch das des geistigen Lebens. Die einzige Frage, um die es für ihn geht, besteht in der Überwindung des Leidens und der sozialen Ungerechtigkeit durch die Organisierung des äußeren Lebens.

Gott will keine Gewalt gebrauchen. Er strebt nicht nach dem äußeren Triumph der Gerechtigkeit. Er behauptet die Freiheit des Menschen. Ja man könnte sagen, dass Gott das Böse duldet und es für die Zwecke des Guten benützt. Der Kommunismus aber will seine Gerechtigkeit auf den Wegen des Zwanges erreichen; er leugnet die Freiheit des Geistes, wodurch er sich auch die Erfüllung seiner Aufgabe wesentlich erleichtert. Wir sehen also, dass das gegenchristliche Argument, das sich auf dem historischen Misserfolg des Christentums gründet, unhaltbar ist. Es ist unmöglich, das Reich Gottes mit Zwangsmitteln zu verwirklichen; es lässt sich nur realisieren durch eine Neugeburt, die die Freiheit des Geistes voraussetzt. Das Christentum ist eine Religion des Kreuzes, die den Sinn des Leidens offenbart. Christus lädt uns ein, unser Kreuz auf uns zu nehmen, es zu tragen und die Last der sündigen Welt uns aufzubürden. Die Verwirklichung des Reiches Gottes auf Erden, des Reiches des irdischen Glückes und der irdischen Gerechtigkeit, ohne Kreuz und Leiden, bedeutet für das christliche Bewusstsein eine ungeheure Lüge: es ist die Versuchung Christi in der Wüste, die darin bestand, dass ihm der böse Geist die Reiche dieser Welt mit allen ihren Schätzen zeigte und ihn aufforderte, sich vor ihnen zu beugen – die Versuchung, die Er zurückgewiesen hat. Das Christentum verspricht keine notwendige und unbedingte Verwirklichung und keinen Triumph seiner Wahrheit in dieser Welt. Christus zweifelt vielmehr daran, dass er den Glauben bei seinem zweiten Erscheinen wiederfinden wird und prophezeit den Niedergang der Liebe.

Tolstoi glaubte, dass es einfach und leicht sei, die Gebote Christi zu erfüllen: man brauche dazu bloß ihre Wahrheit anzuerkennen. Darin bestand aber der Fehler seines rationalistischen Bewusstseins; das Geheimnis der Gnade und Freiheit war ihm unzugänglich; und sein Optimismus widersprach der tragischen Tiefe des Lebens. Der Apostel Paulus sagt im Brief an die Römer: »Denn das Gute, das ich will, das tue ich nicht; sondern das Böse, das ich nicht will, das tue ich. So ich aber tue, was ich nicht will, so tue ich dasselbe nicht, sondern die Sünde, die in mir wohnt.« (VII. 19–20.) Dieses Bekenntnis eines der größten Christen enthüllt uns die Tiefe des menschlichen Herzens. Es lässt uns verstehen, dass »der Zusammenbruch des Christentums« ein menschlicher, nicht aber ein göttlicher Misserfolg ist.

Das gottmenschliche Wesen der Kirche

Die christliche Menschheit hat in ihrer Geschichte einen dreifachen Verrat am Christentum geübt. Zum ersten hat sie das Christentum entstellt, dann hat sie sich von ihm losgelöst, und endlich begann sie, das Christentum zu hassen für das Übel, das von ihr selbst ins Leben gerufen wurde.

Die Kritik am Christentum wendet sich eigentlich gegen die Sünden und Laster der christlichen Menschheit, gegen die Nichterfüllung und Entstellung der christlichen Wahrheit durch den Menschen. Aber eben infolge jener Laster und Sünden, eben durch diese Nichterfüllung und Entstellung, hat sich die Welt vom Christentum losgelöst.

Erst deformiert der Mensch das Christentum; dann wendet er sich gegen die Missgestalt der wahren Religion, greift aber dabei das echte Christentum selbst an. Weder in den Worten und Geboten Christi, noch in der Heiligen Schrift, weder in der Heiligen Tradition oder in der Kirchenlehre oder im Leben der Heiligen findet sich das, wogegen sich die Gegner des Christentums wenden. Einem idealen Prinzip aber muss gerechterweise ein anderes ideales Prinzip, einer realen Tatsache eine andere Realität entgegengehalten werden. In derselben Weise könnte man gewiss auch die Sache des Kommunismus verteidigen: doch müsste man dann zeigen, dass er immer und überall entstellt und niemals und nirgends in seiner echten Gestalt realisiert worden ist. Wohl ist es so, dass im Namen ihrer Ziele die Kommunisten Blut vergießen und die Wahrheit verdrehen und die Christen dasselbe getan haben; dennoch wäre es selbstverständlich grundfalsch, deshalb den Kommunismus mit dem Christentum gleichzusetzen.

Im Evangelium und in den Geboten Christi, in der Kirchenlehre und im Leben der Heiligen, in den vollkommenen Verwirklichungen des Christentums kann man die frohe Botschaft vom Nahen des Reiches Gottes finden, den

Ruf an die Liebe zum Nächsten, den Appell an die Zartheit, Opferwilligkeit und Herzensreinheit, aber keine Predigt der Gewalt, des Hasses, der Rache oder der Gier. In der Theorie und der Ideologie von Karl Marx, die den Kommunismus bestimmt haben, findet man dagegen diese Predigt der Gewalt, des Klassenhasses, der Rache und des Kampfes um die persönlichen Interessen, keine Spur aber von Liebe, Opfermut, Sanftmut und geistiger Reinheit. Die Christen haben in ihrer Geschichte nur allzu oft jene Sünden begangen und haben das unter dem Zeichen Christi getan; nie aber konnten sie sich dabei darauf berufen, dass dies eine Erfüllung der Gebote Christi gewesen ist. Die Gegner des Christentums gebrauchen mit Vorliebe den Hinweis, dass die Christen ihren Glauben mit Gewalt verteidigt und verbreitet haben. So unwiderlegbar diese Tatsache an sich ist, so klar geht doch zugleich aus ihr hervor, dass die Sündhaftigkeit der Christen die allergerechteste und allerheiligste Sache entstellt hatte und dass diese Christen nicht begriffen hatten, wessen Geistes sie sind. Als Petrus die Hand erhob, sein Schwert zog, des Hohenpriesters Knecht schlug und ihm ein Ohr abhieb, da sprach zu ihm Jesus: »Stecke dein Schwert an seinen Ort! Denn wer das Schwert nimmt, der soll durchs Schwert umkommen.« (Mt. XXVI. 51–52.)

Die göttliche Wahrheit des Christentums, von den Menschen aufgenommen, erfährt eine Strahlenbrechung im begrenzten menschlichen Bewusstsein und in der sündigen menschlichen Natur. Die christliche Offenbarung und das religiöse christliche Leben setzen nicht nur die Existenz Gottes, sondern auch die Existenz des Menschen voraus. Diese aber, durch die Gnade Gottes erleuchtet, muss gleichwohl das göttliche Licht ihrem geistigen Auge anpassen und engt zwangsläufig durch die Begrenztheit ihres Bewusstseins und ihres Wesens die göttliche Offenbarung ein.

Die Bibel lehrt uns, dass Gott sich den Juden offenbart hat. Allein der Zorn, die Eifersucht und die Rache, die vom Jahve-Gott zum Ausdruck gebracht werden, sind keine natürlichen Eigenschaften Gottes; sie bedeuten eine Strahlenbrechung seiner Gestalt im Bewusstsein des jüdischen Volkes, dem diese Züge eigen waren. In ähnlicher Weise wurde auch die christliche Wahrheit durch die Menschen nicht nur begrenzt, sondern auch entstellt. Entstellt wurde sowohl die Idee Gottes, den man in der Gestalt eines orientalischen Herrschers darstellte, als auch das Dogma der Erlösung, das man im Sinne eines gerichtlichen Prozesses ausdeutete, von einem zornigen Gott gegen den Menschen geführt, der sein Gebot überschritten hatte. Diese falsche Auffassung der christlichen Lehre führte die Menschen zur Auflehnung gegen das Christentum. Auch die Idee der Kirche wurde zutiefst entstellt. Man hat sie veräußerlicht, mit der Hierarchie, den Riten, dem Klerus gleichgesetzt; und man hat sie vor allem als eine Institution aufgefasst. Die tiefere Auffassung der Kirche als eines geistigen Organismus, als des Leibes Christi (nach der Bestimmung des Apostels Paulus) wurde zurückgedrängt und nur einer Minderheit erschlossen. Die Liturgie und die Sakramente sind vielfach zu äußeren Riten geworden, und ihr tieferer mystischer Sinn wurde von den Pseudochristen nicht mehr verstanden. Empört durch die Laster des Klerus, durch die Verirrungen der christlichen Institutionen, die den staatlichen Institutionen allzu ähnlich geworden sind, durch den oberflächlichen Glauben der Gemeinde und die Heuchelei einer zur Schau getragenen Frömmigkeit, begann man sich von der Kirche abzuwenden und sie zu verlassen.

Nicht vergessen aber darf man, dass die Kirche in sich zwei Elemente enthält – das göttliche und das menschliche; dass ihr Leben ein »theoandrisches« Zusammenwirken ist, eine Begegnung Gottes mit dem Menschen. Die göttliche Grundlage der Kirche ist ewig und unerschütterlich, heilig und rein; sie vermag nicht entstellt zu werden, und »die Pforten der Hölle werden sie nicht überwältigen«. Das göttliche Element der Kirche ist Christus, ihr Haupt sind die Gebote der evangelischen Moral, die Grundprinzipien unseres Glaubens, die Dogmen der Kirche, die Sakramente, die Wirkung der Gnade des Heiligen Geistes. Die menschliche Seite der Kirche ist aber unstet und sündig; sie kann entstellt werden, erkranken und stürzen, wie sie auch eine schöpferische Bewegung, eine Entfaltung, eine Bereicherung und eine Wiedergeburt erleben kann. Die Sünden der christlichen Menschheit und der kirchlichen Hierarchie sind nicht Sünden der Kirche in ihrem göttlichen Wesen; auch vermögen sie nicht die Heiligkeit der wahren Kirche zu mindern. Das Christentum bedeutet einen Aufstand gegen die menschliche Natur und verlangt, dass diese verklärt und verwandelt werde; die menschliche Natur aber leistet ihm Widerstand und strebt darnach, das Christentum zu verzerren. Zwischen dem Göttlichen und dem Menschlichen herrscht ein ewiges Ringen, in dessen Verlauf das Menschliche durch das Göttliche verklärt, das Göttliche aber in seinen irdischen Manifestationen entstellt wird.

Das Christentum hebt den Menschen empor und stellt ihn in das Zentrum der Welt. Der Sohn Gottes ist Mensch geworden, hat die Inkarnation in der menschlichen Gestalt auf sich genommen und dadurch die menschliche Natur in alle Ewigkeit geheiligt. Das Christentum offenbart dem Menschen das höchste Ziel seiner Existenz, stellt seinen göttlichen Ursprung wieder her und behauptet seine hohe Bestimmung in der Welt. Allein, im Unterschied zu den anderen Religionen schmeichelt das Christentum der menschlichen Natur nicht, soweit sich diese im Zustande der Sünde und des Gefallenseins befindet, sondern verlangt vom Menschen eine heroische Selbstüberwindung.

Die menschliche Natur, durch die Erbsünde gelähmt, besitzt nur eine begrenzte Aufnahmefähigkeit. Sie vermag nicht die göttliche Wahrheit des Christentums in ihrer Ganzheit zu erfassen; nur mit Mühe gelingt es ihr, sich die theoandrische Konzeption anzueignen, die durch das Erscheinen Christi, des Gottmenschen, verkündet worden ist. Christus lehrt uns, sowohl Gott als auch den Menschen, unseren Nächsten, zu beben. Liebe zu Gott und Liebe zum Menschen sind unzertrennlich miteinander verbunden. In Gott, unserem Vater, lieben wir die Menschen, unsere Brüder, und in dieser Bruderliebe zu den Menschen offenbart sich unsere Liebe zu Gott. »So wir uns untereinander lieben, so bleibt Gott in uns, und seine Liebe ist völlig in uns« (Ep. Joh. IV, 12). Christus war Sohn Gottes und Menschensohn zugleich, er hat uns eine vollkommene Einheit von Gott und dem Menschen offenbart: die Menschlichkeit Gottes und die Göttlichkeit des Menschen.

Der sündige Mensch begreift mit Mühe diese Fülle der Liebe, die göttlich und menschlich zugleich ist. Entweder wendet er sich zu Gott und fällt dabei vom Menschen ab, bemüht sich, Gott zu lieben und bleibt dabei dem Menschen gegenüber gleichgültig und grausam, wie es zum Beispiel im Mittelalter der Fall war. Oder aber er wendet sich zum Menschen, bereit, ihn zu lieben und ihm zu dienen, entfernt sich aber von Gott, ja, erkühnt sich, die Idee Gottes selbst zu bekämpfen in der Meinung, dass diese Idee der Sache der Menschheit gefährlich und verhängnisvoll sei. Wir sehen, wie dieser letzte Prozess in der neueren Zeit, im Humanismus und humanistischen Sozialismus beginnt, und wie er, nachdem die Menschen die theoandrische, gottmenschliche Wahrheit verletzt und die Liebe zu Gott von der Liebe zum Menschen getrennt haben, mit der Verfolgung des Christentums endet, das die Menschen für ihre eigenen Missetaten verurteilen.

Die Frage der Verantwortung und Schuld

Nur schwer vermag die menschliche Natur die Fülle der christlichen Wahrheit, die christliche Liebe und Freiheit zu begreifen; daher die Unduldsamkeit, der Fanatismus und die Grausamkeit, die von den Christen im Verlaufe der Geschichte an den Tag gelegt worden sind. Der Mensch hat nur einen Teil der Wahrheit erfasst und sich mit dieser Teilwahrheit begnügt; die Fülle des Lichtes aber wurde nur von einer Minderheit geschaut. Der Mensch hat die Fähigkeit, alles zu entstellen, was in die Sphäre seiner Tätigkeit gelangt – selbst die allerhöchste Wahrheit, die er nicht selten zum Werkzeug seiner Leidenschaften macht. Die Apostel selbst, die in der unmittelbaren Nähe des Meisters geweilt haben und durch sein Licht beeinflusst wurden – selbst sie haben das Christentum zum Teil entstellt, indem sie die christliche Wahrheit ihrer begrenzten jüdischen Weltauffassung angepasst haben.

Wenn man das Christentum des Mittelalters anklagt und dem christlichen Glauben die Scheiterhaufen der Inquisition, den Fanatismus, die Unduldsamkeit, die Grausamkeit usw. zur Last legt, so wird dadurch die Frage der Schuld und Verantwortung falsch gestellt. Diese Anklage, die ihren Ausgangspunkt in den unbestreitbaren, zum Teil allerdings übertriebenen Tatsachen hat, wendet sich eigentlich nicht gegen das Christentum, sondern gegen seine Träger, die Christen. Letzten Endes ist das ein Kampf, der von den Menschen gegen ihresgleichen geführt wird. Das theokratische Prinzip war dem mittelalterlichen Christentum eigen und hat die Kirche in eine gefährliche Nähe zum Staat gebracht. Man wollte dem Papst die Macht über die Welt übertragen. Nicht die katholische Kirche ist also an der mittelalterlichen Grausamkeit und Unduldsamkeit schuldig, sondern die barbarische Natur des mittelalterlichen Menschen. Die Welt war zu jenen Zeiten von den grausamsten und blutigsten Instinkten erfüllt. Die Kirche versuchte, diese anarchische Welt zu meistern, zu mildern und zu christianisieren. Sie vermochte aber nicht immer ihre Ziele zu erreichen, weil der Widerstand der menschlichen Natur allzu groß war. Die mittelalterliche Welt wird und kann formaliter als eine christliche aufgefasst werden; in der Tat aber war sie eine halb christliche, halb heidnische Welt.

Die kirchliche Hierarchie selbst war als Ganzes von der Sünde erfasst; sie trug in das Leben der Kirche die menschlichen Leidenschaften hinein; sie war ehrgeizig und nur allzu oft entstellte sie die Wahrheit Christi. Von ihrer Sünde aber blieb das göttliche Element der Kirche unberührt und hörte nicht auf, die Menschen zu erleuchten. Die evangelische Stimme Christi ertönte in ihrer ursprünglichen Reinheit immerfort. Ohne Kirche, ohne das Christentum wäre die grausame mittelalterliche Welt in Blut versunken, und die geistige Kultur wäre endgültig verloren gegangen. War doch die antike griechisch-römische Kultur in ihren höchsten Leistungen gerade durch die Kirche vor dem Untergange bewahrt und der neuen Welt überliefert worden. Die einzigen Gelehrten, Philosophen und Intellektuellen des Mittelalters waren Mönche. Nur unter dem Einfluss des Christentums hatte sich der Typus des Ritters bilden können, in dem die Grausamkeit und Härte des mittelalterlichen Menschen durch die christliche Lehre gemildert und geadelt wurden. Abgesehen von all dem war die naturgebundene Grausamkeit des mittelalterlichen Menschen zum Teil manchmal besser als die zivilisierte Seelenlosigkeit des modernen mechanisierten Homunculus.

Die griechisch-katholische Kirche hat die Inquisition nicht gekannt und ähnliche Gewalttaten auf dem Gebiet des Glaubens und des Gewissens nicht geübt; der Fanatismus war nicht ihr eigen. Ihre historische Sünde besteht in der zu weit gehenden Unterwerfung unter die staatliche Macht. Sowohl in der römisch-katholischen als auch in der griechisch-katholischen Kirche finden wir menschliche Verirrungen und Sünden. Aber die Verirrungen des Christentums in dieser Welt waren immer Verirrungen der Christen und hatten ihren Ursprung in deren menschlicher Schwäche und Unvollkommenheit. Lebt einer der Wahrheit zuwider und verletzt er sie fortwährend, so trägt er selbst die Schuld daran – nicht aber die verletzte Wahrheit.

Die Menschen streben nach Freiheit und wollen nicht zum Guten gezwungen werden. Dennoch klagen sie Gott an wegen der Folgen der unbegrenzten Freiheit, die Er ihnen gegeben hat.

Wer also ist für die Tatsache verantwortlich, dass die Welt vom Bösen durchdrungen ist? Etwa das Christentum oder Christus selbst?

Nie hat Christus das verkündet, was am Christentum kritisiert oder geleugnet wird; hätten die Menschen seine Gebote befolgt, so hätten sie keinen Grund, sich gegen das Christentum aufzulehnen.

In einem Werk von Wells finden wir einen Dialog zwischen Gott und den Menschen: Die Menschen beklagen sich vor Gott, dass dieses Leben voll Übel und Leiden ist und schließlich völlig unerträglich wird. Ihnen antwortet Gott: »Gefällt euch euer eigenes Treiben nicht, nun, so hört doch auf, das Leben durch euer Treiben zu entstellen!« Dieser Dialog ist in seiner Einfachheit sehr lehrreich. Das Christentum ist in dieser Welt von ungeheuren Widerständen der bösen Kräfte umgeben, und es wirkt in einem finsteren Element. Nicht nur das Menschlich-Böse, auch das Übermenschlich-Böse leistet ihm Widerstand. Die Mächte der Hölle erheben sich gegen Christus und seine Kirche. Diese Mächte aber wirken nicht nur außerhalb der Kirche und des Christentums, sondern zugleich auch innerhalb der christlichen Sphäre, und bemühen sich, das Christentum zu entstellen und die Kirche zu verführen. Aber herrschen auch Verwüstung und Öde am heiligen Ort – das Heiligtum bleibt dennoch heilig.

Hätten die Menschen die Gabe der geistigen Vision, so würden sie deutlich sehen, wie sie Christus ans Kreuz schlagen immer dann, wenn sie das Christentum verfälschen oder aber den Kampf gegen das Christentum führen, um die Sünden zu überwinden, für die das Christentum nicht verantwortlich gemacht werden kann. Ewig vergießt Christus sein Blut für die Sünden der Welt, für die Sünden derer, die ihn leugnen und kreuzigen.

Die Wahrheit darf man nicht nach den Menschen – und erst recht nicht nach den schlechtesten unter ihnen – beurteilen. Man muss vielmehr die Wahrheit mit klarem Auge erschauen und das Licht empfangen, das von ihr ausgestrahlt wird. Will man sich aber schon ein Urteil über die Wahrheit bilden nach ihrem Widerschein in der menschlichen Welt, so muss man das Leben ihrer besten, nicht ihrer schlechtesten Vertreter betrachten. Den christlichen Glauben soll man nach seinen Aposteln, Märtyrern und Heiligen beurteilen, nicht aber nach dem großen Haufen der halben Christen und halben Heiden, die alles getan haben, um das Antlitz des Christentums in dieser Welt zu entweihen.

Zwei große Prüfungen sind der christlichen Menschheit auferlegt worden: die Prüfung durch die Verfolgung und die Prüfung durch den Triumph. Die Christen haben die erste Prüfung bestanden und wurden zu Märtyrern und Helden. Sie haben diese Prüfung in den ersten Jahrhunderten unserer Ära bestanden, während der Verfolgungen der römischen Kaiser, und sie bestehen sie auch in unserer Zeit, z. B. in Russland, wo sie von den kommunistischen Verfolgungen bedrängt werden.

Viel schwieriger war es aber für die Christen, die Prüfung des Erfolges zu bestehen. Als der Kaiser Konstantin sich vor dem Kreuz gebeugt hatte und das Christentum die offizielle Religion des römischen Imperiums geworden war, begann eine lange Periode der Prüfung durch den Triumph. Diese Prüfung wurde weniger erfolgreich bestanden als die erste. Nicht selten verwandelten sich die Christen selbst aus den Verfolgten in Verfolger und ließen sich durch das Reich und die Herrschaft dieser Welt verführen. In dieser Zeit haben sich dann in das Christentum Entstellungen eingeschlichen, die zur Quelle der Anklagen gegen das Christentum geworden sind. Christus wurde noch einmal ans Kreuz geschlagen – von denjenigen, die sich als seine Diener betrachteten, ohne zu wissen, wessen Geistes sie in Wahrheit sind.

Kirche und Sünder

Die Menschen unserer Zeit, die sich vom Christentum entfernt haben, behaupten immer wieder, dass die christliche Kirche nur die vollkommenen Menschen, die Heiligen, bei sich aufnehmen dürfte, und sie klagen zugleich die Kirche an, dass sie so viele Sünder und unvollkommene Wesen, so viele Pseudo-Christen bei sich aufnimmt. Eines der am weitesten verbreiteten Argumente gegen das Christentum besteht in diesem Einwand. Allein, dieses Argument zeugt von einer vollkommenen Unfähigkeit, das Wesen der Kirche und ihre Natur zu verstehen.

Die Kirche existiert vor allem für die Sünder, für die unvollkommenen und verlorenen Wesen. Sie steigt in diese Welt hinab und wirkt inmitten der Elemente, die von der Sünde gezeichnet sind. Die Kirche ist ihrem Prinzip und ihrem Ursprung nach göttlich, sie betätigt sich aber auf dieser Erde und in dieser Zeit und kann also nicht auf Höhen thronen, fern von der sündigen Welt mit ihrem leidvollen Ringen; sie muss sich bemühen, der Welt zu helfen, sie für das ewige Leben zu retten und sie bis zum Himmel emporzuheben. Das Wesen des Christentums besteht nicht in der Trennung, sondern in der Vereinigung von Ewigkeit und Zeit, von Himmel und Erde, von Göttlichem und Menschlichem. Das Menschliche, das Zeitliche darf nicht geleugnet und abgestoßen, sondern muss verklärt und verwandelt werden.

In den ersten Jahrhunderten unserer Ära hatte sich eine Sekte unter dem Namen der Montanisten gebildet, die die Lehre vertrat, dass die Kirche einzig und allein aus den Heiligen und den vollkommenen Menschen gebildet werden solle. Die Montanisten verlangten, dass die Sünder und die unvollkommenen Mitglieder der Kirche aus der Kirche ausgestoßen würden. Für sie bedeutete die Kirche eine Gemeinschaft, die besondere Gaben vom Heiligen Geiste empfängt. Von diesem Standpunkt aus müsste der Mehrzahl der sündigen Menschen die christliche Kirche versperrt bleiben. Das kirchliche Gewissen aber hat den Montanismus verurteilt und sich zur Kirche der reuevollen Sünder bekannt.

Die Heiligen sind »Grundpfeil und Feste« der Kirche; die Kirche ist aber nicht nur mit den Heiligen verbunden, sondern mit der ganzen Menschheit in allen Graden ihrer Unvollkommenheit. Die Kirche in dieser Welt ist eine kämpfende Kirche, die gegen das Böse und die Sünde unaufhörlich streitet, die aber noch keine triumphierende Kirche ist. Christus selbst verkehrte mit den Zöllnern und Sündern, und die Pharisäer haben ihm daraus einen Vorwurf gemacht. Die Kirche Christi muss Christus nachfolgen; sie darf es nicht nur mit den Vollkommenen halten, sondern sie muss auch mit denjenigen sein, die verlorene Schafe zu werden drohen. Ein Christentum, das nur die Reinen anerkennen würde, wäre ein pharisäisches Christentum. Das Mitleid, die Nachsicht, die Barmherzigkeit gegenüber dem Nächsten in all seinen Mängeln und Sünden sind Werke der christlichen Liebe und der Weg ihrer Vervollkommnung. Und die Anklage gegen die Kirche wegen der Schatten, die sie auf ihrem Erdenwege verfinstert haben, ist wiederum nichts anderes als Pharisäertum. – Und unbewiesen bleibt dabei noch immer, dass die Ankläger selbst rein und sündenlos sind.

Der Montanismus ist das Beispiel eines falschen Maximalismus im Christentum, denn er bedeutet Mangel an Liebe, geistigen Stolz und falschen Moralismus. Die Lüge des Maximalismus besteht aber darin, dass die maximale

Forderung bei dieser Gesinnung an die anderen, nicht aber an sich selbst gestellt wird. Man klagt die anderen an, dass sie die Reinheit, die Vollkommenheit und die Heiligkeit nicht verwirklicht haben; man denkt aber nicht daran, selbst diese Tugenden zu realisieren. Diejenigen, die in der Tat die Vollkommenheit und Heiligkeit erreicht haben, pflegen nicht die anderen anzuklagen. Die Heiligen, die Starzy (die russischen Asketen, die einen hohen Grad der Durchgeistigung erreicht haben), sind gegenüber den Menschen nachsichtig. Anspruchsvoll muss man gegenüber sich selbst, nicht aber gegenüber den anderen sein; denn nur dadurch vermeidet man Heuchelei und Pharisäertum. Das Christentum ist eine Religion der Liebe, die Härte und Strenge gegenüber sich selbst mit Nachsicht, Milde und Barmherzigkeit gegenüber den anderen vereinigt. Die Anklagen gegenüber dem Christentum sind für unsere Zeitgenossen nur ein Vorwand, der ihre Feindseligkeit gegenüber dem Christentum und ihren Verrat an ihm rechtfertigen soll. Es ist ein Versteckspiel hinter der Maske eines falschen Moralismus.

Sehr deutlich widerspricht das Christentum den Lehren etwa eines Tolstoi, die einen abstrakten Moralismus vertreten. Tolstoi hat das sogenannte historische Christentum einer harten und radikalen Kritik unterworfen, und seine Anklagen, auf Tatsachen gestützt, haben eine schlagende Kraft. Er meint, dass man sich zum Christentum als zu einer abstrakten Lehre bekannt habe, ohne sie im Leben zu verwirklichen und ihren Geboten zu folgen. Für ihn besteht das ganze Christentum in der Moralpredigt Jesu und seinen Geboten; die geheimnisvolle und mystische Seite dieser Religion aber bleibt ihm vollkommen verschlossen. Tolstoi glaubt, dass die Haltung und Handlungen des Menschen einzig und allein von der Wahrheit seiner gedanklichen Konzeption abhängig seien und dass die Verwirklichung der gewonnenen Einsicht ein leichtes Spiel sei. Tolstoi hat die menschliche Freiheit nicht anerkannt und das Böse in den Tiefen des menschlichen Wesens nicht erschaut. Er hat die Quelle des Bösen im Bewusstsein, nicht aber im Willen oder in der Freiheit erblickt. Darum hat er sich auch im Kampf gegen das Böse auf die göttliche Hilfe, die göttliche Gnade nicht angewiesen gesehen. Jesus Christus ist für ihn kein Erlöser und Retter, sondern bloß ein großer Erzieher und Lebensgestalter, ein Verkünder der Gesetze und der sittlichen Vorschriften. Tolstoi meinte, dass die Verwirklichung des Christentums in unserem Leben leicht sei; sei es doch viel vorteilhafter, angenehmer und weiser, nach dem Gesetze der Liebe, als nach dem des Hasses zu leben. Ganz im Ernst versteht Tolstoi die Lehre Christi darin, »keine Dummheiten zu machen«. Weil sich das Christentum nicht im Leben verwirklichen konnte und die Gebote Christi nicht in der Praxis erfüllt wurden, nimmt Tolstoi an, dass die theologische Lehre falsch ist, die Christus in das Zentrum der Welt gestellt und die christliche Weltanschauung auf der Grundlage der Anerkennung der vollzogenen Erlösung der Menschheit durch Christus, auf der

Idee der göttlichen Gnade, errichtet hat. Tolstoi hat sich gegen die Kirche gewandt und ihre Fundamente zu erschüttern versucht.

Mit Recht verlangt Tolstoi, dass man das Christentum ernst nimmt und die Gebote Christi im Leben verwirklicht; er irrt sich aber, wenn er meint, dass diese Gebote ohne weiteres erfüllt werden, wenn man nur ihre Wahrheit anerkannt hat, also ohne Christus, den Erlöser, und ohne die Gnade des Heiligen Geistes. Tolstoi, der an den menschlichen Willen solche Forderungen stellt, fällt in den Irrtum des maximalistischen Moralismus. Übrigens vermochte er selbst in seinem eigenen Leben gerade die Gebote, zu denen er sich bekannt hat, nicht zu erfüllen. Als authentisch hat er nur sein eigenes persönliches Christentum aufgefasst; die meisten anderen Menschen aber hat er der Unsittlichkeit angeklagt, weil sie sich von ihrem Vermögen nicht lossagten, nicht von der Arbeit ihrer Hände lebten, weil sie Fleisch aßen und Tabak rauchten. Er selbst hatte aber keineswegs die Kraft, seine maximalistische Moral lebendig zu realisieren. Die Liebe verwandelte sich für ihn in ein gnadenloses Gesetz –, in diese Quelle aller Anklagen. Er besaß einen sehr feinen kritischen Sinn; richtig entlarvte er die Sünden seiner Mitmenschen und gab eine glänzende Darstellung des nichtchristlichen Charakters der »christlichen« Gesellschaft und Kultur. Er vermochte aber nicht, das heimliche Christentum zu erblicken, das jenseits der Sünden, Unvollkommenheiten und Entstellungen der Christen liegt. Der Stolz seiner Vernunft hinderte ihn, innerlich Christ zu werden, und es war ihm verwehrt, Christus anzuerkennen, dessen Einfluss für ihn die Bedeutung einer äußerlichen erzieherischen Führung hatte. Dabei war Tolstoi ein genialer Mensch, in dem die Sehnsucht nach der göttlichen Wahrheit sehr stark war. Es gibt aber nur allzu viele Menschen, die weder Tolstois Genie noch seinen Durst nach der Wahrheit besitzen und die sich dennoch gegen das Christentum und die Christen wenden, ohne darnach zu trachten, die hohen Gebote in ihrem eigenen Leben zu verwirklichen, und ohne sich um die Probleme von Sinn oder Rechtfertigung des Lebens zu kümmern, auch ohne unter der Ungelöstheit dieser Probleme zu leiden.

Die neue Zeit

Es ist ein Irrtum zu glauben, dass es leicht sei, nach den Geboten Christi zu leben, und es ist nicht weniger ein Irrtum, Christi Lehre zu verurteilen, weil sie von den Christen nicht realisiert worden ist. Ein ebenso großer Irrtum aber ist auch die Meinung, es sei nicht notwendig, das Christentum in der ganzen Fülle des Lebens zu verwirklichen.

In jedem Augenblick seiner Existenz muss der Christ nach dem Reich Gottes trachten und sich nach der Vollkommenheit sehnen, die der Vollkommenheit des himmlischen Vaters ähnlich ist. Das ganze Leben des Christen steht im Zeichen der Worte: »Trachtet am ersten nach dem Reiche Gottes und seiner Gerechtigkeit, so wird euch solches alles zufallen.«

Man darf nicht den Willen zur Vollkommenheit, die Sehnsucht nach der göttlichen Gerechtigkeit und dem Reiche Gottes durch den Hinweis lähmen, dass die menschliche Natur von der Sünde verletzt ist und das christliche Ideal auf dieser Erde stets unverwirklicht bleiben wird. Der Mensch muss sich bemühen, die göttliche Wahrheit zu erfüllen, ohne sich darum zu kümmern, auf welche Weise sie sich in der Fülle des Lebens manifestieren wird. Mag es auch sein, dass sich nur ein winziger Teil der Menschen um die Verwirklichung der Wahrheit Christi auf Erden bemüht, und mag es auch geschehen, dass der Mensch nur eine Stunde seines Lebens dieser Verwirklichung widmet: die Wahrheit Christi wird in diesem Leben dennoch Wirklichkeit werden. Der wahre Lebensweg eines Christen besteht in der unaufhörlichen Anstrengung, der christlichen Wahrheit Ausdruck zu geben und das Reich Gottes auf Erden zu suchen, ohne dabei den Nächsten zu richten.

Das Christentum tritt jetzt in eine vollkommen neue Phase seiner historischen Existenz ein. In unserer Zeit wird es unmöglich, den Glauben nur äußerlich zu bekennen und sich auf eine rituelle Frömmigkeit zurückzuziehen; die Gläubigen werden vielmehr Ernst machen müssen mit der Verwirklichung ihres Christentums in der Fülle ihres Lebens, und sie werden ihren Glauben durch den

Einsatz ihrer ganzen menschlichen Persönlichkeit verteidigen müssen: verteidigen durch ihre Treue zu Christus und seinen Geboten, durch die Behauptung ihrer Liebe gegenüber dem Hass dieser Welt. In der griechisch-katholischen Kirche vollzieht sich heute eine Auswahl der Besten und Aufrichtigsten, der glühendsten, opferwilligsten und treuesten Jünger Christi, mit der zugleich auch die Ausscheidung derer verbunden ist, die nur äußerlich Christen waren, ohne den Sinn ihres Glaubens und die Schwere der ihnen auferlegten Verantwortung begriffen zu haben. Die Epoche der Vermengung von Christentum und Heidentum geht, wie es scheint, ihrem Ende entgegen, und eine neue Zeit – die Zeit des geläuterten Christentums – zeigt sich an.

Das Christentum, das die Christen lebten, ist durch die Tatsache entstellt worden, dass es eine Religion der Macht und des Staates geworden war. Die Kirche selbst – in ihrer sichtbaren Erscheinung – hat sich durch das Schwert des Caesar verführen lassen, und sie hat sich dieses Schwertes auch gegen die Menschen bedient, deren Glaube mit dem der Machthaber nicht übereinstimmte. Vorwiegend aus diesem Grunde hat man das Christentum nicht mehr als eine Religion der Liebe aufgefasst. Zu sehr hatte es seine Sache mit der der Verfolger, statt der Verfolgten, verbunden.

Nur zu sehr hat man das Christentum als eine bloße Heiligung der heidnischen Bräuche empfunden, die weder echte Verklärung noch reale Verwandlung voraussetzt. Heute aber ist die Zeit gekommen, da das Christentum wieder Verfolgungen ausgesetzt ist und ohne Heroismus und erlösende Liebe, ohne eine ganzheitliche Verwirklichung der Lehre und ohne eine tiefe Erkenntnis der Fundamente des Glaubens eine christliche Existenz nicht mehr möglich ist.

Die Zeit ist angebrochen, in der die Christen nicht mehr wie früher ein Stein des Anstoßes und ein Hindernis auf dem Wege der Verwirklichung des Christentums sein werden.

Das neue Christentum

Der christliche Glaube lehrt uns, vor allem nach der himmlischen Vollkommenheit und dem Reiche Gottes zu trachten. Aber dem Geiste des Christentums sind Träumereien, Utopien und falscher Maximalismus durchaus fremd. Das Christentum hat einen realistischen Charakter, und die heiligen Väter haben immer wieder zu geistiger Nüchternheit gemahnt. Das christliche Bewusstsein sieht alle Hindernisse auf dem Wege des vollkommenen Lebens; dennoch glaubt es daran, dass »das Himmelreich Gewalt leidet, und dass die Gewalt tun, die es an sich reißen«.

Das Christentum lehrt uns, vom Innern aus auf das Äußere einzuwirken, nicht umgekehrt. Es ist unmöglich, das vollkommene individuelle und soziale Leben mit äußeren oder mit Zwangsmitteln zu erreichen; denn die unbedingte Voraussetzung dieses Lebens ist eine geistige, innerliche Neugeburt. Diese Neugeburt geht aus der Freiheit und der Gnade hervor, und es ist nicht möglich, gute Christen und eine vollkommene christliche Gesellschaft mit Zwangsmitteln zu erschaffen. Um dieses Ziel zu erreichen, ist eine reale, tiefgreifende Wandlung der Seelen der Individuen und der Völker unbedingt notwendig. Die Tatsache, dass die Menschen dem Namen nach Christen sind, bedeutet durchaus nicht, dass sie die Vollkommenheit erreicht haben. Die Verwirklichung der christlichen Vollkommenheit in diesem Leben ist eine schwere, unendliche Aufgabe. Die Leugnung des Christentums, die sich auf die Unvollkommenheit der Christen stützt, bedeutet also einen Mangel an Einsicht in das Wesen der menschlichen Natur und der Erbsünde. Wer das Bewusstsein der Erbsünde hat, erblickt in der Unwürde der Christen nur eine Bestätigung der Würde des Christentums. Die christliche Religion ist die Religion der Erlösung und Rettung; unaufhörlich gemahnt sie an das Übel, von dem die Welt voll ist. Andere Lehren machen sich anheischig, ein vollkommenes Leben zu verwirklichen ohne einen realen Sieg über das Böse; das Christentum dagegen macht sich keine Illusionen und verlangt den Sieg der Neu- und Wiedergeburt. In diesem Sinn ist dem Christentum eine radikale Natur eigen: für unsere Religion geht es um das Ganze des Lebens.

Viel zu viele Menschen und Dinge haben im Lauf der Geschichte die christlichen Abzeichen und Symbole getragen –; nichts aber ist widriger als Lüge, Heuchelei und Verstellung, und aller Protest und alle Auflehnung kommen daher. Der Staat hat die Symbole und Insignien des Christentums usurpiert, ohne in Wahrheit christlichen Geistes zu sein. Dasselbe könnte man von der Wissenschaft und der Kunst, der Wirtschaft und dem Recht, von der gesamten christlichen Kultur sagen. Ja, der Missbrauch des Christentums ging so weit, dass man unter Berufung auf das Christentum die Ausbeutung der Menschen im sozialen Leben zu rechtfertigen und die Herrschaft der Reichen und Mächtigen zu festigen suchte. In der christlichen Welt lebte noch der alte Heide, der zum Aufbau des christlichen Lebens berufen wurde, in dem aber die alten bösen Leidenschaften nicht erloschen waren. Wohl hat die Kirche den Menschen in seinem Innern beeinflusst; sie konnte und wollte aber die alte Natur der Heiden nicht durch Zwang brechen. So vollzog sich der christliche Einfluss notwendig in der Form eines innerlichen, heimlichen, unsichtbaren Vorgangs. »Das Reich Gottes kommt nicht mit äußerlichen Gebärden.« (Lk. 17, 20.) Gegen die Lüge und Heuchelei, gegen die bloße Konvention und Theoretik aber, die sich in der christlichen Welt angehäuft hatten, war ein Aufstand unvermeidlich geworden. Diese Auflehnung gegen das Christentum und die Abwendung von ihm bedeuten jedoch oft nichts anderes als den aufrichtigen Wunsch, äußeres und inneres Leben miteinander in Übereinstimmung zu bringen: fehlt es an christlicher Gesinnung, so sollen auch die äußeren Formen kein christliches Gepräge tragen. Sind Staat, Gesellschaft und Kultur vom Christentum nicht durchdrungen, so sollen sie auch den christlichen Namen nicht führen. So gesehen hat die Auflehnung einen positiven Sinn: sie ist Ausdruck der Sehnsucht nach der Wahrheit und ein Ausdruck des Abscheus vor der Lüge. Freilich, Hand in Hand mit dem Streben nach Wahrhaftigkeit und Aufrichtigkeit hat dieser Protest gegen Lüge und Heuchelei eine neue Lüge und eine neue Heuchelei ins Leben gerufen. Von der Voraussetzung ausgehend, dass die Menschen und die Gesellschaft nur äußerlich christlich geworden sind, hat man die Behauptung aufgestellt, das Christentum selbst sei nichts weiter als eine Chimäre und Lüge; und zugleich damit hat man den Misserfolg der Menschen in der Verwirklichung des Christentums zu einem Zusammenbruch der christlichen Religion gestempelt.

An derlei Feststellungen hat man sich dann wie an geistigen Errungenschaften erfreut in der Einbildung, dass man bereits ein höheres Niveau der Bildung, eine größere Vollkommenheit, einen erhabeneren Glauben erreicht habe. Die pseudochristliche Heuchelei wurde so durch eine antichristliche abgelöst. Ganz ernsthaft glauben diese Gegner des Christentums, dass sie besser und erleuchteter seien als die Christen und dass sie im Besitz einer höheren Wahrheit wären. In Wirklichkeit sind es aber nur von der Welt gefesselte und verführte Menschen, die die Wahrheit leugnen, weil sie ganz im Bann ihres Zerrbildes stehen und hinter den Entstellungen der Wahrheit die Wahrheit selbst nicht mehr zu erschauen vermögen.

Sie stehen in Wahrheit auf einem niedrigeren Niveau als die Christen, weil sie das Bewusstsein der Sünde verloren haben. So hat zum Beispiel Nietzsche das Christentum leidenschaftlich bekämpft, weil er ausschließlich entartete und veräußerlichte Christen gekannt hat; den christlichen Glauben vermochte er aber weder zu erschauen noch zu begreifen.

Die christliche Welt erfährt eine Krise, die sie bis in ihre tiefsten Grundlagen erschüttert und aufwühlt. Das veräußerlichte, rhetorische und heuchlerische Christentum vermag nicht mehr zu bestehen; seine Zeit ist vorüber. Es ist nicht mehr möglich, die christlichen Bräuche mit einem lügnerischen Paganismus zu vereinigen. Es beginnt die Ära eines aufs Wesen zielenden Realismus, in der sich die fundamentalen Wirklichkeiten des Lebens zu enthüllen und in der alle äußeren Verkleidungen zu fallen beginnen: eine Zeit, in der die menschliche Seele vor das Antlitz des Geheimnisses von Leben und Tod gestellt wird. Alle Konventionen, alle politischen und staatlichen Formen haben ihre Bedeutung eingebüßt. Die menschliche Seele will in die Tiefen des Lebens tauchen, will das Wissen um das Wesentliche und das in Wahrheit Nützliche erlangen, will leben in der Wahrheit und Gerechtigkeit.

In unserer Zeit, die unter dem Einfluss so großer Erschütterungen des Lebens steht, werden Seelen geboren, die nach einer Wahrheit dürsten, welche durch keine Hüllen verdeckt und durch keine Strahlenbrechung verzerrt wird. Der Mensch ist der Lüge, der bloßen Konventionen und jener äußeren Formen und Zeichen müde, die alle wesentlichen Realitäten des Lebens in unserer Existenz ersetzt haben. Die menschliche Seele verlangt nach der christlichen Wahrheit ohne jene Vermittlung durch die Lüge, die von den Christen in diese Wahrheit eingeführt wurde; sie sehnt sich nach der Vereinigung mit Christus selbst.

Die Unwürde der Christen hat die Erinnerung an Christus verdrängt und die Fähigkeit, Ihn zu erschauen, ist versiegt. Die christliche Wiedergeburt wird also vor allem eine Rückkehr zu Christus und zu seiner Wahrheit sein, die keine menschliche Entstellung mehr trübt. Das Wissen um die Unüberwindbarkeit der Erbsünde darf nicht mehr das Bewusstsein der Verantwortung des Menschen gegenüber dem Werk Christi in dieser Welt schwächen, darf nicht die Anstrengungen im Dienste dieses Werkes lähmen. Scheint auch die Verwirklichung des Christentums, der Wahrheit und der Gebote Christi den Menschen nicht selten eine erdrückende und ergebnislose Aufgabe zu sein, so lehrt uns doch das Christentum selbst, dass es nicht allein durch menschliche Kraft erfüllt werden kann. »Was bei den Menschen unmöglich ist, das ist bei Gott möglich.« (Lk. 18, 27.) Der Mensch, der an Christus glaubt, weiß, dass er nicht allein und dass Christus mit ihm ist, und er weiß, dass er dazu berufen ist, die christliche Wahrheit in Gemeinschaft mit Christus, seinem Erlöser, in der Welt aufzurichten.

II

VOM GEIST DES BÜRGERTUMS

Was ist die Bourgeoisie, das Bürgertum? Das Wort wird ebenso häufig gebraucht wie missbraucht, und bei all dem bleibt sein Sinn ungeklärt. Eine magische Kraft geht von ihm aus, aber man bedient sich seiner in der oberflächlichsten Art. Darum ist es nötig, es in seiner Tiefe zu erschließen.

Das Bürgertum, von dem hier die Rede ist, betrifft das Menschentum, das sich seiner selbst erst als Bürgertum bewusst wird und in dem das menschliche Selbstbewusstsein, eben nicht primär menschlich, sondern bürgerlich bestimmt ist.

Dieses Bürgertum ist ein bestimmter Zustand des Geistes und eine bestimmte Anlage desselben; es ist eine besondere Urempfindung des Seins. Nicht etwa eine soziale oder ökonomische Kategorie steht mit ihm in Frage; es handelt sich auch um etwas mehr als eine bloß psychologische – es handelt sich um eine geistige und ontologische Kategorie.

Der Unterschied zwischen dem Bürger und dem Nichtbürger liegt in der tiefsten Tiefe seines Seins oder Nichtseins. Der Bürger ist ein Mensch von ganz besonderem Geiste oder von ganz besonderer Geistlosigkeit. Immer schon ist das Bürgertum in der Welt gewesen, und schon im Evangelium treten seine ewigen Gestalten und ihr ewiger Gegner auf. Aber erst das 19. Jahrhundert hat das Bild des Bürgertums zu klassischer Vollkommenheit entwickelt, und erst in diesem Jahrhundert ist es im Leben vorherrschend geworden. Von diesem Bürgertum der Gesellschaft des 19. Jahrhunderts spricht man in einem oberflächlichen, sozialökonomischen Sinne, aber in Wahrheit ist diese Gesellschaft bürgerlich auch in einem tieferen, geistigen Sinne des Begriffs. Erst auf der Höhe der Zivilisation des vorigen Jahrhunderts ist der bürgerliche Geist zu letzter Reife gediehen, und erst zu dieser Zeit erwies er in der Beherrschung der Schicksale der menschlichen Gesellschaft und der menschlichen Kultur seine Macht. Nicht mehr wie in den vorhergegangenen Epochen findet jetzt – im 19. Jahrhundert – dieser bürgerliche Drang seine Grenzen in den heiligen Glaubensbekenntnissen der Menschen; er überschreitet diese Grenzen und sieht sich durch die heilige Symbolik der edleren Kultur der Vergangenheit nicht mehr gebunden. Der bürgerliche Geist hat sich emanzipiert und selbständig entwickelt; zugleich damit hat er auch die Möglichkeit erworben, seinen eigenen Lebenstypus zu schaffen. Und dieses Zeitalter des triumphierenden bürgerlichen Geistes ist auch das Zeitalter der Denker, die diesen Geist des Bürgertums mit einer besonderen Kraft und Schärfe empfanden und entlarvten. Carlyle, Nietzsche, Ibsen, Leon Bloy, Dostojewski, K. Leontiew – alle diese Menschen fühlten den Triumph des bürgerlichen Geistes, der die wahrhaft große Kultur vernichtet und sein eigenes hässliches Reich begründet. Mit einer prophetischen Kraft und Glut entlarvten sie die geistigen Quellen und Grundlagen dieser bürgerlichen Welt. Von ihrer Hässlichkeit getroffen, sehnten sie sich nach einem edleren Kulturtypus und nach einem anderen Leben und wandten ihre Blicke nach Griechenland, nach dem Mittelalter, nach der Renaissance, oder nach Byzanz. K. Leontiew stellte dieses Problem mit genialer Schärfe: »Wäre es nicht ein schrecklicher, ja ein beleidigender Gedanke, dass Moses den Sinai bestieg, dass die Hellenen ihre Akropolis bauten, die Römer die Punischen Kriege führten und der geniale und schöne Alexander mit befiedertem Helm weit ins Feld zog und bei Arbela sich schlug, dass die Apostel predigten, die Märtyrer Qualen auf sich nahmen, die Dichter sangen, die Maler malten und die Ritter in den Turnieren glänzten: – dass alles dies nur um dessentwillen gewesen ist, dass heute der französische, deutsche oder russische Bürger in seinem hässlichen und lächerlichen Kleid, auf den Ruinen all dieser vergangenen Größe thronend, »individuell« oder »kollektiv«, ein angenehmes Leben führen kann?«

Die Geschichte – sie ist in Wahrheit misslungen. In der Geschichte gibt es keine Fortschritte. Die Zukunft ist nicht besser als die Vergangenheit, ja der Vergangenheit war mehr Schönheit eigen.

Die Kultur sinkt nach der Periode ihrer Blüte qualitativ herab. Der Wille zur Heiligkeit und zur Genialität erlöscht, und es ist der Wille zur Lebensmacht, zur Lebenseinrichtung und zum Wohlsein, der in der bürgerlichen Welt triumphiert. Die höchsten Aufstiege des Geistes gehören den vergangenen Epochen an. Der Geist nimmt ab, und diese Zeit des Sinkens des Geistes ist die Zeit des Triumphes des Bürgertums und des Bürgers. Die Gestalt des Ritters und des Mönches, des Philosophen und des Dichters wird durch die neue ersetzt: durch die Gestalt des von der Sehnsucht nach der Weltherrschaft erfüllten Bürgers, des Eroberers, des Organisators und des Businessman. Der Mittelpunkt des Lebens verschiebt sich; die organische und hierarchische Konstitution des Lebens ist im Kern erschüttert; das Lebenszentrum wird auf die Peripherie übertragen. Das ist das Zeitalter der Maschinen und der industriell-kapitalistischen Zivilisation Europas und Amerikas. Die geistige Kultur des alten Europa mit ihrer heiligen Symbolik und heiligen Tradition geht in ihr unter.

Unter den Persönlichkeiten des Westens, die sich gegen den bürgerlichen Zeitgeist auflehnten, ist der katholische französische Schriftsteller Leon Bloy der scharfsinnigste und radikalste. Er, der sein ganzes Leben in Not lebte und verkannt blieb, hat ein geniales Buch *Exègés des lieux communs* geschrieben – eine Untersuchung über die Gemeinplätze der bürgerlichen Weisheit, in der er eine außerordentlich scharfsinnige metaphysische Deutung der bürgerlichen Sprüche gibt, nach denen sich ein Bürger im Leben richtet. Dazu gehört z. B. der Spruch: »Dieu n'en demande pas tant.« L. Bloy macht den Versuch, in die geheimen Regungen des bürgerlichen Herzens und des bürgerlichen Willens und Denkens einzudringen; er will die eigenartige Metaphysik und Mystik des Bürgers aufdecken. Ein Bürger glaubt, auch wenn er ein guter Katholik ist, nur an das Diesseits, nur an das Sachliche und Nützliche, und er ist unfähig, sich vom Glauben an andere Welten zu nähren: seinem ganzen Leben gemäß nimmt er das Geheimnis von Golgatha nicht an. »Die prächtige Überlegenheit des Bürgers beruht auf dem Unglauben, selbst wenn er ›gesehen und getastet‹ hat. Aber was sage ich da! Auf der Unmöglichkeit seines Unglaubens, zu sehen und zu tasten.« Der Bürger ist ein Götzendiener: er lebt als Sklave des Sichtbaren. Der Götzendienst ist die Bevorzugung des Sichtbaren vor dem Unsichtbaren. Für einen Bürger ist das »Werk« sein Gott, sein Absolutes. Es ist der Bürger gewesen, der Jesus Christus gekreuzigt hat. Der Bürger war es, der auf Golgatha die Welt von Jesus Christus trennte, das »Geld« – und die Armen. Der »Arme« und das »Geld« sind für Bloy die großen Symbole. Es gibt ein Mysterium des »Geldes« – eine geheimnisvolle Trennung des Geldes vom Geist. Die bürgerliche Welt aber wird durch das von dem Geiste getrennte »Geld« regiert. Der bürgerliche Geist ist dem Geist des Absoluten entgegengesetzt: er ist der Vernichter des Ewigen. Ein Bürger kann auch religiös sein, und Leon Bloy hasst diese bürgerliche Religiosität mehr noch als den Atheismus. Wie viele bürgerliche Götzendiener fand er unter den sogenannten guten Katholiken! In ihrem Laden ist der Herrgott eine sehr wohlgelungene Dekoration. Bloy erforscht den Typus des Durchschnitts-Bürgers; aber man könnte das Problem des Bürgertums noch vertiefen; denn der Bürger tritt mitunter auch in einer blendenden und fast erhabenen Form in Erscheinung. Er kann sich auch auf höheren Stufen des geistigen Lebens bewegen; doch hemmt er dann die geistige Bewegung und verwandelt das Feuer des Geistes in eine verknöcherte Form.

Der Bürger kann religiös, ja er kann ein »Gerechter« werden; aber es ist gesagt: »es sei denn eure Gerechtigkeit nicht besser denn die der Schriftgelehrten und Pharisäer, so werdet ihr nicht in das Himmelreich kommen.« Die Gerechtigkeit des Bourgeois aber übertrifft niemals die der Schriftgelehrten und der Pharisäer. Es sind eben die Bourgeois, die es lieben, Almosen in den Schulen und auf den Gassen zu geben, »auf dass sie von den Leuten gepriesen werden«. Es sind die Bourgeois, die es lieben, »da gerne zu stehen und zu beten in den Schulen und an den Ecken auf den Gassen, auf dass sie von den Leuten gesehen werden«. Es sind die Bourgeois, die es lieben, zu richten, und die als erste den Stein auf eine Sünderin werfen. Als sich die Jünger Jesu Christi am Samstag anschickten, Ähren zu pflücken und zu essen, waren es die Bourgeois, die sich Ihm näherten und sagten: »Siehe, deine Jünger tun, was sich nicht ziemt, am Sabbat zu tun.« Und bekamen eine Antwort, die jedes Bourgeoistum trifft: »Hier ist der, der auch größer ist, denn der Tempel. Wenn ihr aber wüsstet, was da sei: Ich habe Wohlgefallen an der Barmherzigkeit und nicht am Opfer, hättet ihr die Unschuldigen nicht verdammt. Des Menschen Sohn ist ein Herr auch über den Sabbat.« »Der Sabbat ist um des Menschen willen gemacht, und nicht der Mensch um des Sabbats willen.« Der Bürger liebt nicht die Zöllner und die Sünder; er zieht die pharisäische Gerechtigkeit vor. Es sind die Bürger, an die sich Jesus Christus wendet, wenn er sagt: »Wahrlich, ich sage euch: Die Zöllner und Huren mögen wohl eher ins Himmelreich kommen denn ihr.« Und ebenfalls dem Bürger gilt Jesu Christi Wort: »Denn wer sich selbst erhöhet, der wird erniedriget; und wer sich selbst erniedriget, der wird erhöhet. Weh euch, Schriftgelehrte und Pharisäer, ihr Heuchler, die ihr das Himmelreich zuschließt vor den Menschen! Ihr kommt nicht hinein, und die hinein wollen, lasset ihr nicht hineingehen.« Und gleichfalls für den Bürger ist gesagt worden: »Was ist größer: das Gold oder der Tempel, der das Gold heiligt?« Und als die Bürger sagten: »Warum isset und trinket er mit den Zöllnern und Sündern?«, antwortete Jesus Christus: »Die Starken bedürfen keines Arztes, sondern die Kranken. Ich bin gekommen, zu rufen die Sünder zur Busse, und nicht die Gerechten.« Dem Bürger gelten auch diese Worte des Evangeliums: »Denn wer sein Leben will behalten, der wird's verlieren; und wer sein Leben verlieret um meinet- und des Evangeliums willen, der wird's behalten. Was hülfe es dem Menschen, wenn er die ganze Welt gewönne und nähme an seiner Seele Schaden?« Der Bürger will in Wahrheit die ganze Welt gewinnen. Eben auf den Bürger zielt Jesu Christi Wort: »Weh euch, Pharisäer, dass ihr gerne obenan sitzet in den Schulen und wollt gegrüßet sein auf dem Markte!« Und jedes Bürgertum dieser Welt ist von Jesus Christus mit folgenden Worten abgelehnt: »Darum auch ihr, fraget nicht darnach, was ihr essen oder was ihr trinken sollt, und fahret nicht hoch her. Nach solchem allem trachten die Heiden in der Welt; aber euer Vater weiß wohl, dass ihr des bedürfet. Doch trachtet nach dem Reich Gottes, so wird euch das alles zufallen.« Und es ist die Seele des Bürgers, die Jesus Christus entlarvt: »Ihr seid's, die ihr euch selbst rechtfertigt vor den Menschen; aber Gott kennet eure Herzen; denn was hoch ist unter den Menschen, das ist ein Gräuel vor Gott.« Und zu denjenigen, die er sich auserwählte, sagte Christus: »Wäret ihr von der Welt, so hätte die Welt das ihre lieb; dieweil ihr aber nicht von der Welt seid, sondern Ich habe euch von der Welt erwählet, darum hasset euch die Welt.« Die »Welt«, die hier gemeint ist, ist eben der Geist des Bürgertums. Sie ist nicht die Schöpfung Gottes, nicht der Kosmos, den der Sohn Gottes nicht verneinen konnte. Die »Welt« ist die Entstellung und die Beschwerung der göttlichen Schöpfung durch die Leidenschaften und die niedrigen Begierden. Und der Bürger ist eben derjenige, der diese »Welt« hebt. Eine ewige Ablehnung der Grundlagen des

Bürgertums erklang in den Worten: »Habt nicht lieb die Welt, noch was in der Welt ist.« Der bürgerliche Geist – das ist eben die Versklavung an diese »Welt«, das Gebundensein an sie und das Bezwungensein durch sie. Das Bürgertum ist die Ablehnung gerade der Freiheit des Geistes, die durch die Freiheit von der Macht der »Welt« verliehen wird. Das Bürgertum nimmt das Geheimnis des Golgatha nicht an: es verleugnet das Kreuz. Darum auch ist das bürgerliche Lebensgefühl dem tragischen Lebensgefühl so sehr entgegengesetzt. Wer die Tragödie erlebt, ist nicht bürgerlich. Und in den wirklich tragischen Augenblicken seines Lebens hört jeder Bürger auf, ein Bürger zu sein.

Wo also liegen die Wurzeln des Bürgertums? Sie liegen in dem zu starken Glauben an diese sichtbare Welt und in dem Unglauben an die andere, die unsichtbare Welt. Der Bürger ist durch diese sichtbare Welt der Dinge in Erstaunen versetzt, erschüttert, verführt. Er nimmt den Glauben an eine andere Wirklichkeit, den Glauben an das geistige Sein, nicht ernst, und er denkt stets dabei: »Ich kenne diese anderen Leute sehr gut. Sie alle sind mir durchaus gleich, aber keiner will es bekennen, jeder verstellt sich und betrügt sich selber. Aber alle leben von den Gütern dieser Welt, und alle sind ihnen untertan.« Und indem er sich auf solche Art rechtfertigt, schätzt er sich höher als die anderen. Er ist kein Symbolist; fern und fremd ist ihm die symbolische Weltanschauung, der die ganze sichtbare und vergängliche Welt nur ein Gleichnis der anderen, für die Wirklichkeit unsichtbaren Welt darstellt. Der

Bürger ist ein naiver Realist, und nur die naiv-realistische Stellungnahme zur Welt nimmt er ernst. Ein solcher naiver Realist bleibt er auch dann, wenn er ein »Gläubiger« ist und dieser oder jener Konfession angehört. Darüber hinaus kann er sogar orthodox werden; aber wenn er es ist, bringt er gleichwohl seinen »Glauben« mit dem ihm eigenen Verhältnis zur Welt und zum Leben in keinen Zusammenhang. Das Gebannt- und Gefesseltsein durch diese Welt, d. h. die naiv-realistische Wahrnehmung derselben, charakterisiert vielmehr unabhängig von dem, woran der Bürger glaubt, dieses Verhältnis. Der Bürger, gleichgültig ob er äußerlich Katholik, ein Griechisch-Orthodoxer oder ein Lutheraner ist, würde Jesus Christus ebenso ablehnen, wie ihn die Schriftgelehrten und die Pharisäer abgelehnt haben, als er ihnen im Leben begegnete und ihnen die Frage zu lösen gab, wen sie in ihm zu erkennen hätten. Solange ein Heiliger noch lebte, wollte der Bürger ihn nie anerkennen, und die Heiligen erkannte er als solche erst sehr lange Zeit nach ihrer Kanonisation und ihrer allgemeinen Verehrung an. Das Bürgertum ist eben die Unfreiheit des Geistes und das Erdrücktsein des Geistes durch die äußere und erstarrte Welt; es bedeutet die Abhängigkeit vom Zeitlichen und Vergänglichen und die Unfähigkeit, sich zum Ewigen emporzuringen. Der Bürger ist durch all das gefesselt, was man tasten und wägen kann und was von außen her in das Leben eindringt. Er ist nicht imstande, ohne eine äußere Autorität zu leben, und diese selbst ist vor allem auf ihn zugeschnitten.

Hat er eine solche Autorität gestürzt, so schafft er sich sofort eine andere und unterwirft sich ihr. Jeder Glut, jeder schöpferischen Energie des Geistes ist er bar. Er misstraut dem Geist, weil sein eigener Geist verknöchert und versklavt ist, und er ist ein Ungläubiger; denn der Glaube ist der Freiheitsakt, die schöpferische Aktivität des Geistes. Diesem seinem Unglauben gemäß hat er aber einen eigenen besonderen »Glauben« und einen eigenen besonderen Aberglauben. Er glaubt nicht an das Ewige, glaubt aber an das Zeitliche. Er glaubt nicht an die Macht Gottes, wohl aber an die Macht der Dinge in der sichtbaren Welt, und er glaubt an sie wie ein Götzendiener.

Nicht immer aber gibt sich der Bürger den Anschein eines von den niedrigen Weltgütern eingenommenen Materialisten – dieses gewöhnlichsten und am wenigsten interessanten Typs. Es gibt einen erhabenen Bürgertypus, der den Anspruch erhebt, als Bewahrer der geistigen Lebensgrundlagen zu gelten. Daneben gibt es weiter einen nicht weniger erhabenen Typus des Bürgers, der gerne ein Wohltäter und Beglücker der Menschen sein will und sich berufen fühlt, die Erde für die Menschheit einzurichten. Es gibt die Bürger des konservativen und des revolutionären Typus. Der Pharisäer – das ist der Typus des religiös erhabenen Bürgers, der die geistigen Lebensgrundlagen zu beschützen vorgibt. Er ist im Evangelium für alle Zeit entlarvt. Häufig wird der Bürger zu einem Frömmler; dann hören seine Lippen nie auf, den Namen Gottes zu gebrauchen. (Umgekehrt kann man als ein Materialist erscheinen, ohne in der Tiefe des Herzens wirklich ein Bürger zu sein.) Ist der Bürger ein Gläubiger, so glaubt er in Wahrheit nur an die Macht dieser Welt und an die Kraft der sichtbaren Dinge, von der er auch die Güter des Lebens für sich erwartet. Er sieht in die unsichtbaren Dinge nicht ein; denn diesen selbst verwehrt die Erstarrung seines Bewusstseins und die Verknöcherung seiner Seele, das Sichtbare zu erleuchten. Und gerade der »gläubige« Bürger unserer Zeit erkennt die von Leon Bloy zitierte bürgerliche Weisheit an, nach welcher »Gott keine Wunder mehr geschehen lässt.« Ja, der Bürger ist sogar bereit zuzugeben, dass es einmal göttliche Wunder gegeben hat, aber diese Konzession macht er nur, um nicht sagen zu müssen, dass er die Wunder heutzutage für unmöglich und sinnlos hält. Der Bürger liebt die Wunder nicht und hat Furcht vor ihnen, weil sie alle seine Aussichten auf ein gut eingerichtetes Leben vernichten könnten. Er lebt von den schon fertigen Dingen; er erwirbt nichts durch das schöpferische Feuer der Seele. Sein Glaube vermag in ihm keinen Aufschwung des Geistes hervorzurufen, und des Glaubens bedarf er ja allein, um in dieser Welt zu gedeihen. Selbst der Geist der Ewigkeit wird ihm dabei zu einem bloßen Mittel, die Güter des äußeren Lebens zu erobern. Eine solche Tendenz zum Bürgertum zeigte sich von jeher sogar im Priesterstand. Nicht selten wurde der Geist gerade von den geistlichen Fürsten geknechtet, die jede geistige Bewegung, jedes geistige Feuer fürchteten. Sie haben dadurch ihre ewige geheiligte hierarchische Sendung verraten und den Aufstand gegen das hierarchische Prinzip selbst vorbereitet.

Verharrt jedoch der Bürger allzu lange auf seinem Platz, verwehrt er allen anderen den Raum und droht durch die von ihm ausgeübte Macht dem Leben selbst die Erstarrung, so tritt ein anderer Typus von Bürger auf den Plan, der vom Willen zur Eroberung des Platzes an der Sonne besessen ist und dem Wahrspruch folgt: »Weg von hier, denn ich möchte selbst diesen Platz einnehmen.« Dieser bürgerliche Emporkömmling wird jedoch nicht besser, sondern noch schlechter sein als der erste; in den Flitterwochen seiner Siege aber wird er den Eindruck eines dem soliden und gewichtigen Bürger sehr unähnlichen Umstürzlers machen. Dieser neue Bürger wird die Macht noch mehr lieben, wird sich noch schonungsloser den Schwachen und Gestürzten gegenüber verhalten, wird sich noch mehr von seiner eigenen Macht und Herrlichkeit berauschen lassen. Und der Rest von Sündengefühl, der noch im alten Bürgertypus dem bürgerlichen Geist gewisse Grenzen zog, wird bei dem neuen Bürger gar vollends schwinden. Dieser wegen seines Atheismus erschreckende Typus des neuen Bürger-Eroberers erstand in Russland im Kommunismus. In ihm drückt sich der eigentliche Geist des Bourgeois in einer völlig reinen, durch nichts mehr geschwächten und beeinträchtigten Form aus. Endgültig und uneingeschränkt bekennt sich hier der neue Bürger zur Religion der irdischen Herrschaft, der irdischen Macht, der irdischen Glückseligkeit. An die ersten Plätze im Leben vorzudringen – das ist zu aller Zeit das bürgerliche Verlangen. Der Bürger liebt es, eine »Position« im Leben zu haben; er findet Geschmack an der Macht und an der Herrschaft. Und nachdem es ihm gelungen ist, sich einen Platz in der ersten Reihe zu erobern und zur Macht zu gelangen, hat seine Selbstzufriedenheit keine Grenzen mehr. Die Selbstzufriedenheit aber ist für einen Bürger vor allem charakteristisch. Die Schwächung des Gefühls für die tiefe Tragik des Lebens begleitet stets seine Erfolge. Von sich selbst eingenommen und von seiner »Position« im Leben berauscht, vermag er nicht, sich bis zur Weisheit des Predigers Salomo zu erheben: »Ich sah an alles Tun, das unter der Sonne geschieht; und siehe, es war alles eitel und Haschen nach Wind.« Der Bürger vergöttlicht die Eitelkeit und das Vergängliche. Sein »Tun« erscheint ihm göttlich; ja sein »Tun« verdunkelt für ihn die Ziele und sogar den Sinn des Lebens. Hinter dem, was er sein Tun nennt, sieht er weder das menschliche Antlitz noch die Natur, weder Himmel noch Sterne. Alles wird für ihn durch ein eitles Versenken eben in sein eigenes Tun, in seine eigene Herrlichkeit ersetzt. Sein Wille ist ganz und gar vom Streben nach der Organisation des Lebens absorbiert, und so verliert er die Fähigkeit, am Leben Freude zu haben. Er ist ein Organisator und Businessman. Die Organisation des Lebens aber erstickt in ihm das organische Leben.

Der neue Bürger verdrängt den alten Bürger. Das ist eine ewig wiederkehrende Komödie der Geschichte. Der auf die Bühne getretene Neuling gibt sich zunächst den

Anschein, als ob er jedes Bürgertum niederwerfen wollte, um ein nichtbürgerliches Reich zu begründen. Er ist also ein Sozialist und Revolutionär. Aber schon bald und meist schon sehr bald kommen in ihm die ewigen Züge jenes Bürgers zum Vorschein, der in jeder Zeit und bei allen Völkern ein und derselbe bleibt. Denn das geistige Bürgertum ist ein ewiges Prinzip, eines von den ewigen Weltprinzipien, die in stets neuer Verkleidung erscheinen. Der bürgerliche Geist in der Welt nimmt nicht ab, sondern breitet sich immer weiter aus, und erst mit den letzten Entwicklungsmöglichkeiten der rein diesseitig bestimmten Zivilisation erreicht er seinen eigentlichen Höhepunkt. Ein reicher Mann, der durch seinen Reichtum geistig versklavt wird und auch die anderen zu Sklaven macht, der also durch die »Welt« geknechtet ist, ist ein Bürger; schwerer kommt er in das Reich Gottes, als das Kamel durch ein Nadelöhr. Aber auch der Arme, der den Reichen beneidet und vom Verlangen beherrscht wird, den Platz des Reichen einzunehmen und sich seines Reichtums zu bemächtigen, ist ganz ebenso ein Bürger; und auch ihm ist der Zutritt zum Himmelreich versperrt. Eben auf diesem Boden gedeiht die ewige Tragikomödie der Geschichte. Wenn der bürgerliche Geist eine soziale Gruppe durchdringt, so tritt er dabei entweder in der Form der Selbstzufriedenheit und des Willens zur Erhaltung der »Position« – koste es was es wolle – auf, oder aber er nimmt die Form des Neides gegenüber dem Nächsten und der Tendenz, die gute Position um jeden Preis zu erobern, an. Und die Geschichte zeigt uns das tragikomische Schauspiel, wie zwei Bürger sich aneinander klammern und sich gegenseitig stützen und wechselseitig erhalten, dabei aber vom Glauben beseelt sind, dass jeder von ihnen eine besondere Welt zu verteidigen habe, die der seines Feindes entgegengesetzt sei. Aber in Wirklichkeit handelt es sich dabei um eine und dieselbe Welt, um ein und dasselbe ewige Weltprinzip. Das Bürgertum lässt sich eben nicht durch den ökonomischen Zustand bestimmen, in dem ein Mensch lebt, sondern allein durch Haltung und Stellungnahme des Menschen zum und gegenüber dem ökonomischen Leben. Aus diesem Grund kann das Bürgertum in jeder Klasse entstehen, wie es auch in jeder Klasse geistig überwunden werden kann. Die Geschichte selbst passt sich dem bürgerlichen Niveau an, indem sie ganz entsprechend dem bürgerlichen Geist den Staat, das Recht, die Wirtschaft, die Sitten und die Gebräuche und die wissenschaftlichen Idole hervorbringt. Und eben darin ist auch der Grund zu suchen, der den Lauf der Geschichte wie ohne Ausgangspunkt erscheinen lässt und alle sog. Errungenschaften misslingen lässt.

Der Bürger ist in allen Bezirken des geistigen Lebens vertreten, und kein Bezirk schließt ihn aus. Ein Bürger kann man auf religiösem Gebiet werden ebenso wie in der Wissenschaft, in der Moral und in der Kunst. Vom Bürger in der Religion ist schon in der Heiligen Schrift die Rede, wo auch seine Gestalten gekennzeichnet sind. Aber auch auf allen anderen Gebieten des geistigen Lebens hat er ein solides und gewichtiges Aussehen und erfreut sich entweder seiner Überlegenheit und Macht, oder will an diese gelangen und beneidet die Überlegenheit und Macht der anderen. Auf allen Gebieten will der Bürger etwas scheinen und hat keine Kraft, zu sein. Er lebt nicht durch die schöpferische ontologische Kraft seiner Persönlichkeit, sondern durch die scheinbare Kraft des Milieus, in dem er seine Position innehat oder zu erwerben sucht. Der Bürger lässt sich aber auch in der Gestalt eines selbstzufriedenen, aufgeblasenen und beschränkten Gelehrten und Akademikers oft genug finden. In dieser Rolle fürchtet er die schöpferischen Gedanken und die Freiheit des erkennenden Geistes, denn die Intuition ist ihm unbekannt. Der bürgerliche Moralist wiederum pocht allen gegenüber auf seine Tugendhaftigkeit und tadelt alle. Die Sünder liebt er nicht und nicht die Zöllner. Er ist ein Beschützer der Moral des ihn umgebenden Milieus; und sein Moralismus kann sich in sehr verschiedenen Formen äußern. Er kann gleicherweise ein extremer Konservativer und ein extremer Revolutionär sein. Aber in dem einen wie in dem anderen Fall ist er der äußeren Welt verfallen und kennt nicht die Freiheit des Geistes. Sein Moralismus ist gnadenlos und fließt aus einer äußeren, nicht aus einer inneren Quelle. Der Bürger hört nicht die Musik der Himmelssphären; er schafft die Hölle auf Erden, aber gleichwohl erscheint er selbst als ein Bereiter der Harmonie der Zukunft: des irdischen Paradieses. Die Idee der uneingeschränkten Rationalisierung des Lebens, der absoluten sozialen Harmonie selbst ist eine bürgerliche Idee, und gegen diese steht der Mensch aus dem untergründigen Leben auf, der »Gentleman mit rückständiger und spöttischer Physiognomie« (Dostojewski). Der Erbauer des babylonischen Turms ist der Bürger. Überall drängt er seinen unfreien, gefesselten Willen hinein: in die Familie und in den Staat, in die Moral und in die Religion, in die Wissenschaft und in die Wirtschaft. Opfer dieses Willens, dessen Regung die Erstarrung erzeugt, wird er auch selbst. Fremd sind dem Bürger die Augenblicke wahrhafter innerer Befreiung; unbewusst der tiefgreifenden Tragik des Lebens nimmt er die Tragödie nicht an. Eben darin liegt aber die Paradoxie seines Lebens, das gerade dadurch beschwert und verdüstert ist, dass es die Tragödie des innersten Lebens, das Kreuz und Golgatha, verwirft. Etwas Erleichterndes und Befreiendes liegt in der Tat darin, dass man das Kreuz auf sich nimmt und sich mit der tragischen Natur des Lebens versöhnt. Weil aber im Bürger das Gefühl der tragischen Schuld und der Sünde erstorben oder geschwächt ist, richtet sich sein Wille auf die illusorischen Errungenschaften der »Welt«, durch die er gebannt und verführt ist. Die Grundidee des Bürgers läuft also darauf hinaus, die Macht und die Güter in der Welt zu erstreben, ohne das Geheimnis von Golgatha anzunehmen. Das ist die chiliastische Idee des Bürgers; und das Bürgertum ist eben nichts anderes als die Nichtannahme Jesu Christi, nichts anderes als seine Kreuzigung. Und Jesus Christus kreuzigen können auch diejenigen, die sich zu seinen Worten bekennen.

Wenn die Wollust des Lebens, die Lust an der Macht und die Lust am Genuss das tragische Bewusstsein der Sünde und der zwischen dem Zeitlichen und dem Ewigen bestehenden Disharmonie, d. h. die heilige Unzufriedenheit gegenüber der »Welt« und ihren Gütern, erdrückt, breitet sich das Bürgertum weit und breit über das Antlitz der Erde aus, und der bürgerliche Mensch triumphiert. In der Zivilisation des 19. und 20. Jahrhunderts war diese Lebenswollust die eigentliche bewegende Kraft; und eben darum ist und bleibt diese Zivilisation bürgerlich, so radikal sie sich auch reformierte. Die symbolischen Kulturen der Vergangenheit mit den ihnen zugrunde liegenden Mythen waren ihrem Geiste nach nie so bürgerlich, wie es die pragmatische Zivilisation des 19. und 20. Jahrhunderts ist, die sich immer weiter verbreitet und in ihrer Macht noch wächst. Vorher war der Bürger ein rein psychologischer Typus, jetzt aber ist er zu einem im sozialen Sinne vorherrschenden geworden. Wohl suchte sich die bürgerliche Zivilisation, die jetzt die geheiligte Kultur verdrängt, schon in ältester Zeit im Leben durchzusetzen; gegen sie erhoben sich denn auch einst die alttestamentarischen Propheten mit glühender Kraft. »Ihr Land ist voll Silber und Gold, und ihrer Schätze ist kein Ende; ihr Land ist voll Rosse, und ihrer Wagen ist kein Ende.« »Denn alle hohen Augen werden erniedrigt werden, und die hohe Männer sind, werden sich bücken müssen; der Herr aber wird allein hoch sein zu der Zeit. Denn der Tag des Herrn Zebaoth wird gehen über alles Hoffärtige und Hohe und über alles Erhabene, dass es erniedrigt werde.« Und auf die ausgesprochen bürgerliche Zivilisation beziehen sich die Worte Jeremias': »Gehet durch die Gassen zu Jerusalem und schauet und erfahret und sucht auf ihrer Straße, ob ihr jemand findet, der recht tue und nach dem Glauben frage, so will ich ihr gnädig sein.« Die Anbetung Baals versinnbildlichte eben die Herkunft der bürgerlichen Zivilisation; ja sie ist ihr antikes Urbild. Die geschichtlich erste Bourgeois-Zivilisation hat sich in Babel gebildet und von dort den ganzen Orient beherrscht. Hesekiel entlarvte mit Glut diesen Geist der entstehenden Bürger-Zivilisation, indem er sagte: »Ihre Fürsten sind drinnen, wie die reißenden Wölfe, Blut zu vergießen und Seelen umzubringen um ihres Geizes willen ... Das Volk im Lande übt Gewalt und raubt getrost und schindet die Armen und Elenden und tut den Fremdlingen Gewalt und Unrecht.« Und »Weh den Hirten Israels, die sich selbst weiden! Der Schwachen wartet ihr nicht, und die Kranken heilet ihr nicht, das Verwundete verbindet ihr nicht, das Verirrte holet ihr nicht, und das Verlorene suchet ihr nicht; sondern streng und hart herrschet ihr über sie.« Schon dem antiken prophetischen Bewusstsein schwebten die Katastrophen vor, die der Triumph des bürgerlichen Geistes unvermeidlich nach sich ziehen musste. Und wie einst, so wird es auch in aller Zukunft sein. Freilich: der Typus der bürgerlichen Zivilisation triumphierte nie endgültig im Altertum, wo er nur in der Tendenz vorhanden war. Erst die europäische Welt – und diese erst auf dem Gipfel ihrer neueren Geschichte – bringt die bürgerliche Zivilisation zur endgültigen Entfaltung und zum Triumph, und erst in ihr erscheint der Bürger als der Kaiser dieser Erde. Das Wachstum der Bevölkerung und der uferlos anschwellenden Bedürfnisse, die Lust am Leben um des bloßen Lebens willen und der Wille zur Herrschaft in dieser Welt ermöglichten den Sieg des bourgeoisen Geistes, der in den vergangenen geschichtlichen Epochen nur angedeutet und nie repräsentativ gewesen ist. Aber auch auf diese Zivilisation des bürgerlichen Geistes der Neuzeit treffen die Voraussagen der Propheten zu. Die bürgerliche Zivilisation kann nicht ewig bestehen; denn der Bürger ist der Verneiner der Ewigkeit und darum wird er sie nicht beerben. Feinsinnige Menschen haben schon vor langer Zeit die nahenden Katastrophen der europäischen Zivilisation vorausgeschaut. In diesen Katastrophen wird der neue revolutionäre Bürger versuchen, den Triumph des bürgerlichen Geists über die Erde auszudehnen und zu erweitern, wird versuchen, das Reich des Bourgeois allgemein und universell zu machen und es zum Meisterwerk der Schöpfung zu stempeln. Aber auch diesem letzten und anscheinend endgültigen Bürgertum gehört die Ewigkeit doch nicht. Auch wird die Zeit kommen, wo Gott der Herr sagen wird: »Siehe, Ich will mich meiner Herde selbst annehmen und sie suchen.«

Das geistige Bürgertum, der verbürgerlichte Geist kann nur wiederum durch den Geist, durch die schöpferische Aktivität des Geistes überwunden werden. Das

Bürgertum ist nicht ein materielles, ökonomisches Phänomen. Es kann aber in jede mögliche Ökonomik eindringen. Die industrielle Entwicklung als solche ist noch nicht bürgerlich. Dem falschen, illusorischen Geiste gegenüber gibt es kein materielles Gegengift; hier kann nur das geistige Gegengift helfen. Das will aber nicht im mindesten besagen, dass der materielle Gesellschaftskörper an sich indifferent ist und dass er nicht bürgerlich werden kann. Aber der typisch bürgerliche Gesellschaftskörper ist immer das Erzeugnis des typisch bürgerlichen Geistes, d.h. einer irrtümlichen Richtung des Willens. Die bourgeoise Gesellschaft ist eine nicht vergeistigte Gesellschaft. Dem ganzen bourgeoisen Geist aber liegt eine irrtümliche, illusorische und trügerische Empfindung des Lebens und des Seins zugrunde. Diese irrtümliche Lebensdeutung, diese illusorische Lust am Diesseits und am Leben erzeugt auch ein trügerisches Tun und bewirkt, dass »alles eitel ist«. Die schöpferische Geistigkeit dagegen schließt die Versklavung an die Bedürfnisse und Lüste aus, die die Entwicklung einer falschen Zivilisation hervorruft, und führt ganz von selbst zur Einschränkung dieser Bedürfnisse. Die Lust am Leben um des Lebens willen muss geschwächt werden, damit eine wahre Verklärung des Lebens möglich wird. Die Angst, die Unruhe, das jagende Tempo und die Unmöglichkeit, von den Augenblicken der Ewigkeit zu leben, sind durch diese falsche Lust am Leben, durch dieses falsch verstandene Leben erzeugt. Diese nie zu stillende Wollust des Lebens aber verwandelt das menschliche Leben in eine Hölle, stürzt den Menschen in das höllische Feuer. Nur durch Eindämmung der Lust am Leben und der Lust an der Macht konnten sich die Kulturen der Vergangenheit erhalten; nur so hielten sie die Mitte – und der Typ des Bourgeois war in ihnen in einer anderen Lage als in der Neuzeit. Der Bourgeois in seiner äußersten und prägnantesten Form ist eine apokalyptische Gestalt und das Urbild des kommenden Reiches. Von dieser Gestalt sprechen die Heiligen Schriften. Entgegengesetzt diesem bürgerlichen Geiste ist der wandernde Geist; und Wanderer in dieser Welt sind die Christen. Das innere Erleben des Wanderers aber, das dem Christen eigen ist, unterscheidet diesen vom Bürger; und dieses Erleben ist in jeder sozialen Position, auch in der höchsten, möglich. Die Christen haben noch nicht ihre eigene Stadt und sehnen sich nach einer kommenden. Und diese kommende Stadt kann nicht die Stadt dieser »Welt« sein. Der Geist des Bourgeois aber siegt immer dann, wenn in der christlichen Welt eine irdische Stadt als himmlische anerkannt wird und die Christen aufhören, sich als Wanderer in dieser Welt zu fühlen.

III

DIE GEISTIGE SITUATION DER MODERNEN WELT

Die Krise

Unsere Welt steht im Zeichen der Krise, nicht mehr der sozialen, wirtschaftlichen und kulturellen, sondern auch der geistigen. Die Fundamente des Lebens sind ins Schwanken geraten, und alle Voraussetzungen der geistigen Existenz sind problematisch geworden. Am schärfsten wird diese Lage in Deutschland empfunden, wo die Gemüter in Gärung und Aufruhr versetzt sind. – Wie verhalten sich die Christen zu dieser Weltagonie, und wie sollen sie sich dazu stellen? Handelt es sich um eine Krise der außer- und antichristlichen Welt, die das Christentum verkannt hat oder vom Christentum abgefallen ist, oder aber um eine Krise des Christentums selbst? – Die Christen teilen das Schicksal der gesamten Welt. Vergeblich würden sie sich einzureden suchen, dass in der christlichen Menschheit alles in

Ordnung sei und dass die Ereignisse nicht auf sie übergegriffen hätten. Die christliche Welt trägt eine große Verantwortung. Ein Gericht wird über die Welt gehalten, und es ist zugleich auch ein Gericht über das historische Christentum. Die Erkrankung der modernen Welt hängt nicht nur mit der Erschöpfung des Glaubens und der Apostasie zusammen, sondern auch mit den alten Gebrechen des Christentums in seinem menschlichen Aspekt. Wie könnte es anders sein? Das Christentum hat eine universale Bedeutung. Alles steht in Beziehung zu ihm, und nichts in der Welt kann ihm fremd bleiben. Vom Christentum selbst aus müssen die Christen die moderne Lage der Welt verstehen, den Sinn der Krise als eines innerchristlichen Ereignisses erfassen können.

Was aber sind die Erscheinungsformen und was ist das Wesen der Krise?

Die festen Lebensformen sind flüssig geworden. Äußerlich und innerlich wird die Menschheit von einer gewaltigen Revolution aufgewühlt und muss eine Periode der geistigen Anarchie durchschreiten. Der Mensch ist von der Angst ergriffen; er fühlt sich in seiner Existenz ständig bedroht und schwebt über dem Abgrund (»Grenzsituation«). Der Fortschrittsglaube, durch den der christliche Glaube im vorigen Jahrhundert ersetzt werden sollte, ist verloren gegangen. Der Mensch glaubt nicht mehr an die Menschheit, an die Humanität, an die erlösende Macht der Wissenschaft und an das Heil der Demokratie. Er durchschaut die Lüge der kapitalistischen Ordnung, hat aber zugleich die Hoffnung auf die sozialistischen Utopien eingebüßt. Das moderne Frankreich ist von Skepsis erfüllt. In Deutschland sind alle Werte in Frage gestellt. Ganz Europa ist von den gewaltigen Ereignissen des russischen Lebens erschüttert und vor einen neuen Glauben, vor eine neue und dem Christentum feindliche Religion der Gottlosigkeit gestellt. Es entstehen in Europa neue Formen des philosophischen Pessimismus, denen gegenüber der Schopenhauersche Pessimismus erquicklich und trostvoll erscheint. Dieser Art ist die Lehre Heideggers, für den das Sein in seinem Wesen ein gefallenes, nicht aber von Gott abgefallenes ist; für den die Welt hoffnungslos in der Sünde liegt, wenn es auch keinen Gott gibt; für den das Wesen der Existenz Sorge bedeutet. Zum geistigen Führer Mitteleuropas ist der melancholische, der düstere und tragische Kierkegaard geworden. Seine Lehre von der Angst erfreut sich jetzt einer großen Popularität, weil sie den inneren Zustand der Welt und des Menschen zum Ausdruck bringt. Die interessanteste und bedeutendste Erscheinung des westeuropäischen theologischen und religiösen Denkens ist die sogenannte »dialektische Theologie«, die von einem scharfen und intensiven Sündenbewusstsein durchdrungen ist und das Christentum rein eschatologisch auffasst. Die von K. Barth ausgehende Bewegung bedeutet eine religiöse Reaktion gegen den Liberalismus, den Humanismus und den romantischen Protestantismus des neunzehnten Jahrhunderts. Eine ähnliche Reaktion gegen den Modernismus, Liberalismus und Romantizismus bricht auch in Kreisen des Katholizismus durch, die sich mit der Wendung zu Thomas von Aquin vor der modernistischen Gefahr zu retten suchen. Aber diese neuen Wege sind keine Auswege. – Die Lehre Karl Barths und der Neuthomismus setzen nur allzu leicht den Wert des Menschen herab. Der Hang zur Autorität und Tradition ist bloß die Kehrseite der Anarchie und des chaotischen Zustandes der Welt. Der Glaube an den Menschen, an seine schöpferische Kraft und seine Berufung ist dem westlichen Christentum verloren gegangen. Aber auch in den sozialpolitischen Bewegungen der Gegenwart gewinnen die Prinzipien der Autorität, ja der Gewalt, die Oberhand. Überall müht man sich, die Freiheit des Menschen zu verringern. Im modernen Kollektivismus feiern der ökonomische und der Rassen-Materialismus einen neuen Sieg.

Der Mensch scheint der geistigen Freiheit müde geworden zu sein und sehnt sich nach einer Macht, die sein äußeres und inneres Leben gestalten könnte. Der Mensch ist seiner selbst müde. Er hat den Glauben an den Menschen verloren und sucht sich auf einen Übermenschen zu stützen, auch wenn ihm dieser nur in der Gestalt eines Kollektivs gegeben wird. Viele alte Altäre werden niedergeworfen, viele neue aber aufgerichtet. Der Mensch vermag nicht ohne den Glauben zu leben und kann einen konsequenten und endgültigen Atheismus nicht realisieren. Verliert er den Glauben an Gott, so muss er sich den Götzen ergeben. Fällt er von Gott ab, so muss er in die Idolatrie zurückfallen. Darum sehen wir jetzt eine Auferstehung der Abgötter auf allen Gebieten des Lebens. So ist auch – zum Beispiel – der Kommunismus nichts anderes als eine extreme Form der sozialen Idolatrie.

Geist, Seele, Technik

Der moderne Europäer hat den Glauben überhaupt eingebüßt. Er hat sich auch von den optimistischen Illusionen befreit, in denen der Mensch des 19. Jahrhunderts befangen war. Allein, in einer Hinsicht ist er doch Optimist geblieben und lässt sich vom Glauben führen: er huldigt einem Abgott und ist in seinem Namen zu allen Opfern bereit. Wir berühren damit einen wesentlichen Charakterzug der geistigen Situation der Zeit: der moderne Mensch glaubt an die Macht der Technik und der Maschine, und manchmal scheint es, dass Maschine und Technik die einzigen Gegenstände seines Glaubens geworden sind.

Der Mensch lebt jetzt in einer neuen Welt, die eine vollkommen andere zu sein scheint als die, in welcher sich die christliche Offenbarung ereignet hat, in der die Apostel, die Kirchenväter und die Heiligen geweilt haben, und mit der die ganze christliche Symbolik zusammenhängt. Das Christentum schien mit der Erde und mit der alten patriarchalischen Ordnung zutiefst verbunden zu sein. Aber die Technik hat die Bindungen zwischen dem Menschen und der Erde zerrissen und die patriarchalische Ordnung vollends zerstört. Nur dank des ursprünglichen christlichen Dualismus vermögen die modernen Christen in dieser neuen Welt zu leben und zu wirken. Denn der Christ ist seit jeher gewöhnt, in zwei Rhythmen zu leben – in dem religiösen und in dem weltlichen. Dem weltlichen Rhythmus folgend, nimmt er an dem alltäglichen Leben teil, das sich jenseits der religiösen Verklärung abspielt. In seltenen Tagen und Stunden aber dem religiösen Rhythmus folgend, wendet er sich von dieser Welt ab und sucht Zuflucht bei Gott. Es bleibt ihm aber vollkommen unklar, was eigentlich diese neue, diese werdende Welt für das religiöse Bewusstsein bedeutet. Lange Zeit hat man auch die Technik für eine religiös neutrale und geistig indifferente Sphäre gehalten, fern von aller geistigen Problematik und darum in ihrem Wesen unschuldig. Diese Zeit ist dahin, wenn es auch nicht von allen bemerkt worden ist. Jetzt erst beginnt man diese Banalisierung der Maschine zu bereuen. Jetzt beginnt man allmählich einzusehen, dass diese Stellung zur Technik großes Unheil gestiftet hat und dass die Missachtung dieser Sphäre den Geist und die Seele den verheerenden Prozessen der Mechanisierung, Technisierung und Atomisierung ausgeliefert hat. Wie konnte aber dieses verhängnisvolle Missverständnis entstehen?

Die Technik hat eine viel tiefere Bedeutung, als gewöhnlich angenommen wird. Sie erfüllt eine kosmogonische Funktion; sie schafft eine neue Wirklichkeit. Meint man, dass die durch sie erzeugte Wirklichkeit noch immer die alte und dieselbe sei, die von den alten mathematisch-mechanischen Wissenschaften, von der alten Mechanik, Physik und Chemie erforscht worden ist, so ist man im Irrtum. Die neue Wirklichkeit existierte überhaupt nicht vor den Erfindungen, die von dem modernen Menschen gemacht worden sind. Es ist dem Menschen gelungen, eine neue Welt zu schaffen. Die Welt, von der Maschine erzeugt, ist kein Spiegelbild des mechanistischen Weltbildes. In ihr arbeitet die menschliche Vernunft, in ihr ist das theologische Prinzip lebendig geworden. Die Technik erzeugt eine neue Atmosphäre, die von den Energien gesättigt ist, welche früher in den Tiefen der Natur geschlummert haben. Der Mensch hat aber keine Zuversicht, dass er in dieser Atmosphäre wird atmen können. In den vergangenen Jahrtausenden hat er eine andere Luft geatmet. Ob er auch weiter in dieser neuen, von ihm geschaffenen Atmosphäre zu leben imstande sein wird, bleibt immer noch eine Frage. Die Technik führt dem Menschen ungeahnte, furchtbare Energien zu, an denen er selbst zugrunde gehen kann. Als Spielzeug erscheinen uns jetzt die Waffen, die in vergangenen Zeiten von Menschen gebraucht worden sind. Damals konnte man sie vielleicht noch für neutral halten. Jetzt aber befindet sich der Mensch im Besitz von ungeheuren zerstörenden Kräften, von deren Gebrauch das Schicksal der Menschen abhängt. Denn die Technik bedeutet nicht nur die Macht des Menschen über die Natur, sondern auch die des Menschen über Menschen und Menschenleben. Die geistige Problematik der Technik wird in ihrem ganzen Umfang von der alles vernichtenden Kriegskunst aufgewühlt. Durch diese ist die Menschheit von der Gefahr einer beinahe kosmischen Katastrophe bedroht. Die Technik sammelt in sich alle schöpferischen Energien des modernen Menschen und kann sie wohl im Namen Gottes, aber auch in Satans Namen verwenden.

Im Namen Gottes oder in Satans Namen. Die Technik scheint wirklich neutral zu sein, den guten und bösen Absichten gleichmäßig untertan. Und alles hängt vom geistigen Zustand der Menschen ab, die über diese Energien verfügen. Die Frage nach der Technik ist ein geistiges Problem geworden: eine Frage nach dem Schicksal des Menschen und nach seiner Stellung zu Gott.

Wir sahen aber, dass nicht der Mensch die Technik, sondern die Technik den Menschen beherrscht. Liegt nicht bereits in dieser dämonischen Wendung die Antwort auf unsere Frage beschlossen? Ist nicht diese ungeheure Macht, die sich den Schein der Neutralität zu geben gewusst hat – ihrem Wesen nach – Werkzeug des Bösen?

Was bedeutet aber die Technik für das menschliche Leben und für die menschliche Existenz?

Die Technik bedeutet einen Übergang der menschlichen Existenz vom Organischen zur Organisation. Der Mensch hört auf, sich der organischen Weltordnung zu fügen. Seit uralter Zeit war er gewöhnt, im Zusammenhang mit der Erde, den Tieren und Pflanzen zu leben. Die großen Kulturen der Vergangenheit waren von der Natur umgeben und in sie eingebettet; sie haben Gärten, Tiere und Pflanzen geliebt; sie haben das Band, das sie mit dem Naturrhythmus vereinigte, nicht gelöst. Das Erlebnis der Erde erzeugte eine tellurische Mystik. Der Mensch ist aus der Erde entstanden und kehrt zur Erde zurück. Mit diesen Vorstellungen hängt eine tiefe religiöse Symbolik zusammen, in welcher von jeher die Pflanzenkulte eine große Rolle gespielt haben. Das Leben des Menschen und der menschlichen Gesellschaft erschien dem pflanzlichen Leben analog. Organisch war das Leben der Familie und der Korporation, des Staates und der Kirche.

Zu Beginn des neunzehnten Jahrhunderts wurde die organische Struktur der menschlichen Gesellschaft mit aller Schärfe hervorgehoben und theoretisch ausgearbeitet. Die romantischen Lehren haben dem Organismus und dem organischen Prinzip eine hervorragende Bedeutung zugewiesen. Von den Romantikern stammt die Idealisierung des Organischen und die Feindschaft gegen das Mechanische. Der Organismus wird geboren, nicht aber vom Menschen konstruiert; er ist ein Erzeugnis der Natur, des kosmischen Lebens. Die Technik aber ist jeder organischen Inkarnation feindlich und fremd. Sie löst den Menschen von der Erde los, versetzt ihn in den Weltraum und ruft in ihm das Gefühl der planetarischen Existenz der Erde hervor. In radikaler Weise ändert sie die Stellung des Menschen zu Raum und Zeit, zu Natur und Leben. In der technischen Periode der Zivilisation hört der Mensch auf, mit Tieren und Pflanzen zu leben; er wird in eine neue, in eine metallene und kalte Umgebung versetzt, wo keine tierische Wärme vorhanden ist und kein heißes Blut kreist. Dieses neue Milieu greift in das Innere des Menschen über und ruft verheerende Wirkungen hervor: das emotionale Leben wird geschwächt, das Lyrische, das Gemütvolle und Traurige zerstört, die Totalität und Integrität der seelischen Sphäre aufgelöst. Der unvermeidliche Übergang vom Organismus zur Organisation wird somit zu einer der Quellen der modernen seelischen Krise. Es ist nicht leicht, sich vom Organischen loszusagen. Mit einer kalten Grausamkeit reißt die Maschine den Geist aus seiner Verwachsenheit mit dem organischen Fleisch, mit dem pflanzlich-tierischen Leben. Die Seele, die mit dieser Seite des Lebens zutiefst verbunden ist, zieht sich zusammen: sie verblutet unter den gewaltigen Hieben, die ihr das maschinisierte Dasein versetzt, und manchmal scheint es, dass sie im Sterben liegt. Wir empfinden und deuten es als einen verhängnisvollen Prozess der Technisierung, Mechanisierung und Materialisierung unserer Existenz.

Wir sind in eine harte Zeit eingetreten – in die des Geistes und der Technik. Die Seele ist der Technik zum Opfer gefallen. Vielleicht vermag aber der Geist dieser Macht zu trotzen, über die Technik Herr zu werden, in der neuen Epoche Sieger zu bleiben? Haben wir damit nicht die tiefste Aufgabe der kommenden Zeit berührt?

Der Übergang vom Organismus zur Organisation bedeutet weiter eine Rationalisierung des Lebens. Selbstverständlich waren die Elemente der Technik und der

Organisation seit den ersten Tagen der menschlichen Geschichte vorhanden; nie aber vermochten sie diese Hegemonie und Universalität im Weltleben zu gewinnen, wie es in unserer Zeit der Fall ist; und vieles blieb früher im Zustande des Pflanzenhaften und Organischen bestehen. Jetzt sind aber alle Sphären des Lebens von der Technisierung, Organisierung und Rationalisierung erfasst. Aber das menschliche Leben kann nicht restlos rationalisiert werden; die irrationalen Elemente werden durch keine Mittel ausgetilgt; und das letzte Geheimnis des Lebens wird immer unenthüllt bleiben. Noch mehr: der Versuch einer allgemeinen Durchführung der Rationalisierung des Lebens ruft eine Vergeltung, eine Rache der irrationalen Mächte hervor. Wird die Rationalisierung nicht unter ein geistiges Prinzip gestellt, so werden ungeahnte Energien heraufbeschworen und unerwartete und verhängnisvolle Resultate gezeitigt. Das sehen wir jetzt auf dem Gebiete der Wirtschaft, wo die Rationalisierung der Produktion die Irrationalität der Arbeitslosigkeit erzeugt hat; wir sehen es jetzt in Sowjetrussland, wo die Rationalisierung des Lebens Formen gewinnt, die an den kollektiven Wahnsinn gemahnen. Je tiefer die schrankenlose Rationalisierung in die feinsten Gewebe des Lebens eindringt, je krasser die geheimnisvollen Fundamente des Seins verleugnet werden, desto trauriger und öder wird die seelische Landschaft: das Leben verliert seinen Sinn, eine unendliche Wehmut verbreitet sich über die Seelen, und die Gemüter werden vom Drang zum Selbstmord erfasst.

Unwillkürlich schreckt der Mensch vor diesen Ergebnissen seiner Lebensgestaltung zurück. Wohl ist er von der von ihm geschaffenen Technik begeistert, ist aber nicht willig, sich selbst in eine Maschine zu verwandeln. Wohl ist er der Organisator des Lebens, ist aber nicht bereit, endgültig Objekt der Organisation zu werden. Die Rationalisierung der Seele ruft unvermeidlich eine seelische Reaktion hervor. – So war es bereits im neunzehnten Jahrhundert. Die Romantiker haben immer gegen die Herrschaft der Technik protestiert; sie riefen zurück zur Natur, zur organischen Ganzheit und Geschlossenheit, zu den elementaren Urkräften des Lebens. Ein verkörperter Protest gegen die Technik war John Ruskin, der sich sogar mit der Eisenbahn nicht versöhnen wollte und nur den Pferdewagen benutzte, wenn auch der Fahrweg den Eisenbahnschienen entlang ging. Der romantische Aufstand gegen die Technik ist wohl begreiflich, ist sogar nützlich, entscheidend ist er aber nicht. Er ist ohnmächtig, das Grundproblem zu lösen; entweder löst er überhaupt gar nichts oder löst es zu leicht. Die Rückkehr zur Vergangenheit, zu der organischen Lebensweise, zur patriarchalischen Lebensordnung, zu den alten Formen der Landwirtschaft und des Handwerks, zum Leben in der Natur, in der intimen Fühlung mit den Pflanzen und Tieren, ist vollends unmöglich. Wohl kann man sich in schönen Vergangenheitsträumen und trostbringenden Illusionen wiegen; von hier aus das Leben zu gestalten vermag man nicht.

Der Ausweg geht in einer anderen Richtung. Das Christentum muss seine Stellung zur neuen Welt und Wirklichkeit schöpferisch gestalten können. Es darf sich nicht den optimistischen Träumen preisgeben, darf sich nicht von der kahlen Wirklichkeit mit ihrer bedrohlichen Problematik abwenden. Das setzt allerdings eine Intensivierung des geistigen Lebens innerhalb der Christenheit selbst voraus. Dem schöngeistigen Sentimentalismus bleibt im modernen Christentum kein Platz mehr. Die harte Realität zerreibt die zarten Gefühle und feinen Erlebnisse. Nur ein strenger und abgehärteter Geist vermag der anbrechenden Weltangst zu trotzen.

Seltsam: in unserem materialistischen Zeitalter gewinnt alles geistige Bedeutung, alles wird unter das Zeichen des Geistes gestellt. Die Technik, vom menschlichen Geiste erzeugt, materialisiert jetzt das Leben; sie kann aber die Befreiung des Geistes von der Verwachsenheit mit dem stofflich-organischen Leben herbeiführen. Zwischen Geist und Technik wird der entscheidende Kampf ausgetragen: siegt die von der Technik ausgerüstete Geistlosigkeit, so wird eine alles vernichtende Kulturkatastrophe hereinbrechen; siegt aber der Geist, so wird das Leben mit Hilfe der Technik selbst durchgeistigt und verklärt.

Elite und Masse

Der Siegeszug der Technik wird von den breiten Massen getragen, die in dieser Form ihren Anteil am Kulturleben zu realisieren suchen. Damit berühre ich die andere Seite des Prozesses, aus dem die moderne Krise hervorgegangen ist, und weise auf die lebendigen Kräfte hin, die in ihr am Werke sind, wie auch auf ihre innere soziologische Struktur. Der Eintritt der großen Menschenmassen in das Kulturleben und eine breite und umfangreiche Demokratisierung der Kultur – das ist der zweite Kreis der Erscheinungsformen unserer Weltkrise, der sich mit der ersten, mit der dämonischen Vorherrschaft der Technik und Maschine, in engem Zusammenhänge und steter Wechselwirkung befindet.

Die Kultur trägt in sich das demokratische und das aristokratische Prinzip zugleich. Ohne das aristokratische Prinzip, ohne eine qualitative Auslese wären kulturelle Höhe und Vollendung unerreichbar. Die Kultur strebt nach Vollendung und Verfeinerung; zu gleicher Zeit aber sucht sie sich zu verbreiten und nimmt neue soziale Schichten in sich auf. Das ist ein unvermeidliches und gerechtes Ergebnis der Kulturgestaltung. Allein, in unseren Tagen ist die organische Einheit, der hierarchische Charakter der Kultur vollkommen verloren gegangen, und die Schichten und Stufen des Kulturlebens haben jeden Zusammenhang eingebüßt. Die kulturelle Elite, die noch vor kurzem Führerin und Bildnerin des kulturellen Lebens gewesen ist, und die proletarisierten Massen, die eben erst in das Kulturleben einbezogen worden sind, stehen fremd und feindlich einander gegenüber. Die kulturelle Elite hat sich vom Dienst am Ganzen der Kultur abgewandt. Ja, diese Idee des Dienstes ist überhaupt seit der Renaissance im Schwinden und von den Ideen des Liberalismus und Individualismus zurückgedrängt. Die Auffassung des Lebens als eines Dienstes an einem überpersönlichen Ziel ist eine religiöse Lebensauffassung, die den modernen Kulturbildnern fremd bleibt. Merkwürdigerweise ist diese Idee im russischen Kommunismus wieder lebendig geworden; allein das Ziel des Dienstes, der Inhalt der Aufgabe hat sich als gottlos erwiesen und wendet sich gegen den Menschen selbst. Die kulturelle Schicht des modernen Europa hat keine breite und tiefe soziale Basis. Sie hat sich den Massen entfremdet, und da ihre Weltanschauung auf einen verfeinerten Anthropozentrismus hinausläuft, vermag sie auch nicht den Massen Ideen und Werte zu bieten, von denen diese ergriffen werden könnten. Die moderne Kultur ist zerbrechlich und zart; sie vermag nicht, den gewaltigen historischen Prozessen zu trotzen, die von den Massen getragen werden, und ist gezwungen, sich unter dem steigenden Druck der Ereignisse zusammenzuziehen und zu isolieren. – Die Massen sind ihrerseits unfähig, sich die verfeinerte Kultur anzueignen und die Wiederzusammenfassung des auseinandergefallenen Kulturganzen auf diese Weise zu vollziehen; eher greifen sie zu dem vulgären Materialismus und der äußeren technischen Zivilisation. Verlieren sie ihre religiöse Lebensanschauung, so verfallen sie unvermeidlich dem Atheismus. Dieser Prozess wird von peinlichen Erinnerungen an die historische Rolle des offiziellen Christentums befördert, das eine lange Strecke Hand in Hand mit den herrschenden Klassen gegangen ist und so viele Ungerechtigkeiten der sozialen Ordnung zu rechtfertigen suchte. Von den Ideen-Mythen, seien sie religiösen oder sozialpolitischen Ursprungs, können die Massen ergriffen werden, nicht aber von der überfeinerten Bildung. Somit bleibt der Konflikt zwischen dem aristokratischen und dem demokratischen Prinzip, zwischen der Höhe und der Breite der Kultur, der Quantität und Qualität, auf dem Boden der areligiösen, anthropozentrischen Kultur unlösbar. Ist dieser Konflikt entstanden und zum harten Zusammenstoß reif, so fühlt sich die aristokratische kulturelle Schicht in ihrer Existenz bedroht und dem Tode geweiht. Mit ihrem Untergang aber wird das Zeitalter der Barbarisierung anbrechen.

Die Technisierung und Demokratisierung der Kultur führt zu deren Verwandlung in die technische Zivilisation, die von einem materialistischen Geiste erfüllt ist. Die Keime dieser Entwicklung sind aber bereits in der anthropozentrischen Kultur angelegt, ja von ihr ausgetragen und großgezogen. Aus der individualistischen Idee ist der wirtschaftliche Liberalismus und aus diesem der Kapitalismus entstanden. Das Ergebnis des industriellen, kapitalistischen Wirtschaftssystems ist aber gerade die Entseelung des Menschen, die Verwandlung der Menschen in arbeitende Mechanismen, der menschlichen Arbeit in Ware, der menschlichen Tätigkeit in den industriellen Prozess. Der materialistische Kommunismus hat alle diese Erscheinungen nur bis zu Ende gedacht und die Konsequenzen daraus gezogen. Die Lüge der kapitalistischen Welt findet somit ihre gerechte Vergeltung in der Gestalt des Kommunismus. Vor diesen Ergebnissen der europäischen Kultur blieben die Christen ratlos. Und doch, und eben darum: mit aller Energie stellt diese Situation der modernen Welt das soziale Problem vor das christliche Bewusstsein: das Problem der gerechten, der menschlicheren sozialen Ordnung, oder – konkreter – das der Durchgeistigung und Christianisierung der sozialen Bewegungen und der Arbeitermassen. Das Problem der Kultur ist jetzt ein soziales geworden und kann jenseits der sozialen Sphäre unmöglich gelöst werden.

Der Konflikt zwischen aristokratischem und demokratischem Prinzip bleibt innerhalb der anthropozentrischen Kultur und der proletarischen Zivilisation unlösbar; nur auf dem geistigen Boden des Christentums kann er überwunden werden. Das Christentum allein ist aristokratisch und demokratisch zugleich; es behauptet den Adel der Kinder Gottes, es ruft zum Emporsteigen, zur Vollendung und Vollkommenheit, wendet sich aber mit dieser Predigt an jeden und alle, an jede menschliche Seele und an die ganze Menschheit. Auch ist das Leben für das christliche Bewusstsein ein Dienst – ein Dienst an einer überindividuellen Aufgabe, an dem überpersönlichen Ganzen, dem gegenüber die Elite und die Massen gleichwertige Teile bedeuten. Die kulturelle Elite vermag aber dem Ansturm der Massen und der Barbarisierung der Kultur nicht standzuhalten. Darum hängt das Schicksal der Kultur von dem geistigen Zustande der Arbeitermassen, von ihrer Beziehung zum Christentum ab: werden sie sich dem christlichen Glauben zuwenden und in seinem Lichte die kulturfeindlichen Spannungen der modernen Welt auflösen oder aber sich dem materialistischen Atheismus ergeben und die Barbarisierung der Welt herbeiführen? Ihnen sind die letzten Entscheidungen anheimgegeben. Die Arbeiterschaft wird der Technik oder dem Geist zum letzten Sieg in der Welt verhelfen.

Das Allerverhängnisvollste vollzieht sich aber dann, wenn die Christen selbst sich in Kampfstellung gegen die Arbeitermassen und die Arbeiterbewegung begeben und sich gegen die Ergebnisse der Technik ereifern, statt dass sie es auf sich nehmen, die in der Welt und in der Geschichte waltenden Prozesse zu verklären, zu adeln und einem höheren Ziele unterzuordnen.

Persönlichkeit und Gesellschaft

Mit der steigenden Macht der Technik und mit der wachsenden Demokratisierung der Kultur hängt das dritte fundamentale Problem der modernen Kulturkrise zusammen, von dem das christliche Bewusstsein in eine ständige Unruhe versetzt wird: die Spannung zwischen Persönlichkeit und Gesellschaft.

Die Persönlichkeit, die nach Emanzipation strebt, wird immer mehr von der Gesellschaft bedrängt, wird vergesellschaftet und kollektiviert. Das ist ein Ergebnis der »emanzipierenden« Technisierung und Demokratisierung des Lebens. Bereits die kapitalistische industrielle Lebensordnung, die sich auf den Individualismus und den individualistischen Atomismus gründen wollte, hat zur Unterdrückung der Persönlichkeit geführt, zur Antlitzlosigkeit und Anonymität. zum Kollektivismus und massenmäßigen Lebensstil. Der materialistische Kommunismus, der sich gegen den Kapitalismus auflehnt, vernichtet endgültig die menschliche Persönlichkeit; er leugnet das persönliche Bewusstsein, das Gewissen und Urteil und will die Persönlichkeit im sozialen Kollektiv auflösen. Die Persönlichkeit des Menschen, die das Ebenbild Gottes im Menschen ist, wird zersetzt und ausgelöscht, zerfällt in ihre Bestandteile und verliert ihre Integrität. Der innere Zustand der modernen Kultur selbst bedroht die Persönlichkeit mit dem Untergang. Die gottlose entchristlichte Welt isoliert die menschliche Persönlichkeit, trennt sie von der Gesellschaft und versperrt ihr alle Zugänge zu den überpersönlichen Zielen und zum Leben der Gemeinschaft, oder aber unterwirft sie endgültig der Gesellschaft und gibt sie damit dem sozialen Kollektiv preis.

Wiederum vermag weder die anthropozentrische Kultur noch die technische Zivilisation den tragischen Konflikt zwischen Persönlichkeit und Gesellschaft zu lösen. Nur auf dem religiösen Boden kann dieser Konflikt gelöst werden, und allein das Christentum bietet dazu die Voraussetzungen. Dem Christentum geht es vor allem um die Persönlichkeit, um die individuelle menschliche Seele und ihr ewiges Schicksal; nie kann es die Persönlichkeit als Mittel zu den gesellschaftlichen Zwecken betrachten: denn der absolute Wert jeder menschlichen Persönlichkeit ist sein erstes Prinzip. Das geistige Leben der Persönlichkeit verbindet diese unmittelbar mit Gott; damit aber ist zugleich auch der Macht der Gesellschaft über die Persönlichkeit die Schranke gesetzt. Das Christentum führt aber auch die Persönlichkeit zur Gemeinschaft, zum Dienst an einer überindividuellen Aufgabe, zur Vereinigung des »ich« und des »du« in dem »wir«, zur Kommunion, sogar zum Kommunismus, aber zu einem solchen, der dem atheistischen und materialistischen Kommunismus entgegengesetzt ist. Einzig das Christentum kann die Gefahr des Untergangs der Persönlichkeit beschwören. Und nur auf dem Boden des Christentums ist die innere Übereinstimmung der Persönlichkeit und der Gesellschaft möglich – eine Übereinstimmung, die die Persönlichkeit nicht verringert und nicht bedrängt, vielmehr ihr die Möglichkeit gibt, die Fülle ihres Lebens zu realisieren. Das Christentum löst den Konflikt zwischen Persönlichkeit und Gesellschaft, der zu einer ungeheuren sozialpolitischen und geistigen Krise führt, in einem dritten, einem überpersönlichen und übergesellschaftlichen Prinzip: dem Gottmenschentum, »der christlichen Kirche«, dem mystischen Leibe Christi. Der religiöse Aspekt, in dem sich uns das Problem »Persönlichkeit und Gesellschaft« zeigt, legt daher die Lösung des sozialen Problems unserer Zeit in dem Geiste des christlichen personalistischen Sozialismus nahe, der die ganze Wahrheit des Sozialismus in sich aufnehmen, sich von seiner Lüge aber fernhalten wird: von seinem falschen Geist und von seiner falschen Weltanschauung, die nicht nur Gott, sondern auch den Menschen leugnet. Nur auf diesem Wege kann die menschliche Persönlichkeit, und mit ihr auch die qualitative, die höhere Kultur des Geistes, gerettet werden.

Aktivität und Kontemplation

Nur das Christentum, sagte ich, kann die menschliche Persönlichkeit von der geistlosen und einseitigen Vergesellschaftung bewahren und vor ihrem Untergang retten. Was bedeutet aber die einseitige Technisierung, Demokratisierung und Kollektivierung unserer Existenz für das geistige Leben der Persönlichkeit? Welche inneren Wandlungen vollziehen sich im Menschen unter dem Einfluss dieser verhängnisvollen Prozesse? Mit dieser Frage berühren wir das vierte Problem der geistigen Situation der Zeit und dringen einen Schritt tiefer in die Thematik der Weltkrise.

Der technische und ökonomische Fortschritt der modernen Zivilisation macht die menschliche Persönlichkeit zu seinem Werkzeug. Er fordert von ihr eine unaufhörliche Aktivität, will jeden Augenblick ihres Lebens für seine Zwecke ausnützen. Die moderne Zivilisation vereitelt jede Möglichkeit der Kontemplation und verdrängt diese vollends aus unserem Leben. Das bedeutet aber, dass der Mensch zu beten aufhört, die Schönheit nicht mehr schauen, nach der Wahrheit nicht mehr dürsten kann –, dass seine Beziehung zu Gott gelöst wird. Denn in der Kontemplation tritt der Mensch in Berührung mit der Sphäre der höheren Mächte und Werte; in der Aktion aber wendet er sich der irdischen Welt zu und müht sich, den in der Kontemplation erlangten Reichtum durch Schaffen und Arbeit in dieser Welt zu realisieren. Wird die Kontemplation endgültig beseitigt, so muss der Mensch die geistigen Inhalte seines Lebens einbüßen; er wird in seinem Schaffen gelähmt und in seiner Existenz bedroht.

Der einseitige Aktualismus der modernen Zivilisation entstellt die Beziehung der Menschen und der Kultur zur Zeit und Ewigkeit. Die menschliche Persönlichkeit bestimmt sich nicht nur in den Dimensionen der Zeit, sondern auch im Aspekte der Ewigkeit; der moderne Aktualismus aber ist die Preisgabe des Menschen an die Gewalt der Vergänglichkeit. Kein Augenblick des menschlichen Lebens vermag in den Dimensionen der Zeitlichkeit einen Seinswert zu erreichen; im modernen Aktualismus aber ist jeder Augenblick nur für den folgenden da, von dem er so schnell wie möglich abgelöst werden soll. Das Leben selbst erhält eine unaufhörliche Beschleunigung und verwandelt sich in ein rasendes Rennen. In diesem Rasen und Rennen kann die Persönlichkeit sich nicht aufrecht erhalten, kann nicht zur Besinnung kommen und den Sinn ihrer eigenen Existenz nicht mehr erfassen; denn der Sinn ist eine Beziehung zur Ewigkeit, und der unaufhörliche Strom der Zeit ist seinem Wesen nach jeden Sinnes bar.

Ohne Zweifel ist der Mensch zur Arbeit und Aktivität berufen und darf sich nicht mit bloßer Kontemplation begnügen. Die Welt ist kein Schauspiel für den Zuschauer Mensch. Der Mensch muss die Welt organisieren und verklären, muss die weltbildende Tat weiterführen. Nur dann aber kann er Persönlichkeit werden und bleiben, Ebenbild Gottes und sein Symbol, wenn er auf der Grenze von zwei Welten weilt, der ewigen und der vergänglichen, und sich keiner endgültig preisgibt, wenn er nicht nur tätig ist in der Zeit, sondern auch im Schauen der Ewigkeit kontemplativ bleibt, wenn er sich also innerlich aus seiner Beziehung zu Gott bestimmt.

Die Idee der Arbeit und der auf ihr gegründeten Gesellschaftsordnung ist eine große und in ihrem Ursprung christliche Idee. Die Kontemplation, die von den privilegierten Klassen ausgeübt worden ist – als ein Ergebnis ihrer Befreiung von der Arbeit und den Mühsalen des Lebens – war oft eine Pseudokontemplation. In dieser Form wird sie wohl nie wiederkehren. Aber auch jeder arbeitende Mensch überhaupt hat Augenblicke im Leben, wo es ihn zwingt, sich der Kontemplation hinzugeben und in sich zurückzukehren; er muss dann Gott anbeten und preisen, die Schönheit schauen und sich der Erkenntnis der Wahrheit uneigennützig widmen.

Das Ersticken der Kontemplation bedeutet zugleich die Vernichtung eines großen Teils des Kulturlebens, mit dem die Blüte und der Hochgang der Kultur verbunden sind. Denn die Mystik, die Metaphysik und die Kunst sind ohne Kontemplation unmöglich. Die reine aktualisierte Zivilisation verwandelt die Wissenschaft und die Kunst in Hilfszweige der industriellen Prozesse. Wir sehen das am Beispiel der kommunistischen Kultur Russlands, die eigentlich keine Kultur, sondern eine tiefe Kulturkrise darstellt.

Kontemplation und Aktion können und müssen in der Totalität der Persönlichkeit vereinigt werden, und nur diese Einheit der beiden Formen des Seins vermag die Persönlichkeit im Menschen aufrecht zu erhalten. Ein Mensch, der sich in einer übersteigerten Aktivität den zeitlichen Prozessen vollkommen preisgibt, wird von geistiger Erschöpfung heimgesucht, weil die Zufuhr der geistigen Energien allmählich aufhören und das geistige Leben verdorren muss.

Die areligiöse anthropozentrische Kultur, die dem Leben entfremdet ist und die Quellen ihres geistigen Lebens verschüttet hat, wendet sich heute den Lorbeeren ihrer Vergangenheit zu und verliert sich in einer einseitigen

Kontemplation. Die technische Zivilisation aber, die in dem irdischen Leben befangen ist, wendet sich ab von den geistigen Inhalten und Werten, eilt der Zukunft entgegen und verliert sich in einseitiger Aktivität. Weder die anthropozentrische Kultur noch die technische Zivilisation vermögen die Einheit der beiden geistigen Grundhaltungen im Leben und in der Persönlichkeit zu realisieren. Der liturgische Kreis des christlichen religiösen Lebens aber führt jene eigenartige Verbindung von Aktion und Kontemplation, in welcher die Quellen der geistigen Energien und der inneren Festigkeit der Persönlichkeit unverletzt und unverschüttet bleiben und die Integrität des geistigen Lebens in der Kultur und im einzelnen Menschen gesichert wird. Im Aspekt dieser Verbindung wird auch klar, dass der Gegensatz von Aktion und Kontemplation im Grunde relativ ist; dass das menschliche Schaffen eine Verschmelzung der beiden Haltungen voraussetzt; dass der Geist wesentlich aktiv ist und dass in der Kontemplation ein dynamisches Element verborgen liegt.

Die liturgische Synthese ist in unserer gottlosen Zeit verloren gegangen. Wir sind Zeugen des verhängnisvollen Prozesses einer Ausartung der Persönlichkeit: vom Ebenbild des höchsten Seins verwandelt sie sich in einen belanglosen Bestandteil der vergänglichen Kollektive, die eine unendliche Steigerung der äußeren Aktivität von ihr verlangen. Der Mensch als Ebenbild Gottes ist selbst ein schöpferisches Wesen. Aber die Aktivität, die die moderne Zivilisation von ihm fordert, ist eine Leugnung seiner schöpferischen Natur; denn diese Mechanisierung des menschlichen Lebens und der menschlichen Tätigkeit ist eine Leugnung des Menschen selbst.

Damit berühren wir das letzte Problem, das mit der geistigen Lage der modernen Welt zusammenhängt – das des Menschen als eines religiösen Wesens. Denn es vollzieht sich in der Welt eine Krise nicht nur im Menschen, sondern des Menschen selbst. Und die weitere Existenz des Menschen selbst ist problematisch geworden.

Auflösung der christlichen Wahrheit vom Gottmenschentum

Wir sahen, dass alle Konflikte und Spannungen des gegenwärtigen Lebens nur auf dem Boden der christlichen Religiosität ihre Lösung erfahren können. Dass diese Lösung nicht eintritt, dass diese Konflikte und Spannungen entstehen konnten, ist ein Zeichen dafür, dass die religiöse Natur des europäischen Menschen erkrankt ist. Somit ist die Weltkrise, die sich als eine tiefste Gefährdung des Menschen selbst enthüllt hat, nichts anderes als eine Krise der Christenheit und des Christentums in ihrer irdischen Existenzform. Um den tiefsten Sinn der Erscheinungen und Ereignisse unserer Zeit zu erfassen, müssen wir also den Standort innerhalb des Christentums einnehmen; nur von hier aus werden die Perspektiven der geistigen Welt erhellt.

Dem Christentum liegt eine gottmenschliche Wahrheit zugrunde. Es geht um die mystische Wahrheit des Christentums, mit der auch der Wert und die Würde des Menschen verbunden sind: um die Wahrheit von Gott und dem Menschen, vom Ebenbilde Gottes im Menschen, von der Menschwerdung des Sohnes Gottes. Die ganze Fülle der Weisheit ist darin verborgen – die Potenz, alle Konflikte und Spannungen des menschlichen Lebens zu klären und zu lösen. Allein, die Fülle der christlichen gottmenschlichen Offenbarung wurde nur mit Mühe von der sündhaften Natur des Menschen erfasst. Die christliche Lehre vom Menschen war nicht genügend entfaltet worden und nicht genügend im Leben realisiert. Die christliche Kultur trug in sich einen inneren Mangel, der ihr vom sündhaften Wesen der sie realisierenden Menschen zukam, und unvermeidlich war darum das Entstehen des Anthropozentrismus auf dem Boden dieser Kultur. Es begann ein in seinen Folgen verhängnisvoller Prozess: die Zerstörung der christlichen gottmenschlichen Wahrheit.

Erst wurde die eine Hälfte der Wahrheit angegriffen – die christliche Gottesidee. Die andere Hälfte der Wahrheit – die christliche Idee des Menschen – ist vorerst unangetastet geblieben. So hat zum Beispiel Ludwig Feuerbach Gott verleugnet, die Ebenbildlichkeit des Menschen aber in seiner Lehre bewahrt. Er hat sich an dem Menschen nicht versucht. Aber die begonnene Zersetzung drang tiefer in die Gewebe der christlichen Wahrheit. Es begann die Auflösung der anderen Hälfte – der christlichen

Lehre vom Menschen. Und der Abfall von Gott verwandelte sich in einen Abfall vom Menschen. An dem Menschen hat sich Marx, hat sich auch Nietzsche versucht. Für Marx ist nicht der Mensch der höchste Lebenswert, sondern das Kollektiv. Der Mensch wird von der Klasse verdrängt, und es entsteht ein Mythos von einem neuen Messias – dem Proletariat. Der Marxismus bedeutet die erste Folge des Anthropozentrismus. Die zweite ist der Nietzscheanismus. Für Nietzsche ist wiederum nicht der Mensch, sondern der Übermensch, die Rasse, Träger des höchsten Wertes und selbst der höchste Wert. Der Mensch aber muss überwunden werden. Mit dem Marxismus und Nietzscheanismus vollzieht sich die Abwendung von dem zweiten und letzten absoluten Wert, der der europäischen Kultur vom Christentum vermacht worden ist. Der Abfall vom Menschen gewinnt seinen Ausdruck in Erscheinungen wie etwa dem Kommunismus, dem Faschismus, der internationalen und der rassischen Idolatrie. Von Gott als dem allerhöchsten Werte hat man sich bereits früher abgewandt. Jetzt sind wir in eine Epoche eingetreten, die den Menschen als Selbstwert leugnet und ihn auf den Altären der falschen Götter opfern will.

Mit dieser Apostasie, mit dieser Leugnung des Wertes und der Würde der menschlichen Persönlichkeit sind alle Erscheinungen der Technisierung, Kollektivierung und Verflachung des Lebens verbunden. Das historische Leben des Christentums war immer von Häresien begleitet. Die Irrlehren, die jeweils innerhalb des Christentums entstanden sind und die mit der Abwendung von der Fülle der christlichen Wahrheit zusammenhingen, haben wichtige und bedeutungsvolle Themen aufgeworfen. Nicht alle diese Themen haben eine Erhellung gefunden, und sie warten bis jetzt auf eine Klärung durch das christliche Bewusstsein. Die Häresien der ersten christlichen Jahrhunderte waren jedenfalls nur theologische Verirrungen. Dagegen bedeuten die Häresien der modernen Zivilisation eine Verirrung des Lebens selbst. Sie bezeugen, dass das Leben von bedrohlichen Fragen aufgewühlt ist, die ihre Lösung nur innerhalb des Christentums finden können. Die geistige Problematik der Technik, der gerechten Organisation des sozialen Lebens, der Kollektivierung der menschlichen Existenz in ihrer Beziehung zum ewigen Wert der menschlichen Persönlichkeit ist vom christlichen Bewusstsein nicht gelöst worden –, nicht gelöst worden im Lichte der offenbarten christlichen Wahrheit. Die schöpferische Aktivität des Menschen in der Welt hat noch keine religiöse Weihe erhalten. Die in der Welt waltende Krise ist eine Mahnung an das christliche Gewissen, die ungelöst gebliebenen Fragen und Aufgaben endlich einmal in Angriff zu nehmen. Und diese Krise ist somit ein Gericht nicht nur über die gottlose Welt, sondern auch über die christliche Menschheit.

Das besondere Grundproblem unserer Tage ist nicht die Frage nach Gott – wie man oft meint, auch bei jenen Christen, die nach einer religiösen Wiedergeburt rufen. Die Frage nach Gott ist eine ewige Frage, die zu allen Zeiten die erste und ursprünglichste ist. Das spezielle Problem unserer Zeit ist aber das des Menschen selbst; das Problem der Rettung der menschlichen Persönlichkeit vom inneren Zerfall, das Problem der Bestimmung und der Berufung des Menschen, der Lösung der fundamentalen Fragen des sozialen und kulturellen Lebens im Licht der christlichen Persönlichkeitsidee. Die Menschen haben Gott verleugnet, dadurch haben sie aber nicht die Würde Gottes, sondern die des Menschen in Verdacht gebracht; denn ohne Gott kann die menschliche Würde nicht bewahrt werden. Gott ist für den Menschen die höchste Idee und die Realität zugleich, die den Menschen aufbaut. Daraus folgt aber, dass der Mensch die höchste Idee Gottes ist. Und dadurch ist uns das Pfand der Rettung gegeben.

Täuschen wir uns nicht. Wir haben keinen Grund, optimistisch zu sein. Die zerstörenden Energien sind zutiefst in unser Leben eingedrungen. Feindschaft und Hass sind mächtig angeschwollen. Die Sünden, die Lüge und die bösen Mächte haben viele Siege in dieser Welt davongetragen. Aber die Bestimmung der schöpferischen Aufgaben unseres Geistes, die Erfüllung unserer höchsten Pflicht darf nicht von der Schätzung der Siegeschancen der bösen Mächte abhängen, die der Realisierung der Wahrheit entgegenarbeiten. Wir fühlen und sehen, dass wir nicht verlassen sind; dass in dieser Welt nicht nur die natürlichen, die guten und bösen menschlichen Energien am Werke sind; es arbeiten hier auch die übernatürlichen und übermenschlichen Kräfte und helfen denen, die sich um das Reich Christi mühen. Gott wirkt in dieser Welt. Und wenn wir vom Christentum reden, so meinen wir nicht nur den Menschen und seinen Glauben, sondern Gott und Christus selbst.

Die gesamte Problematik der Weltkrise mündet zuletzt in das Problem der Beziehung zwischen Gott und dem Menschen. Weder die anthropozentrische Bildung noch die proletarische technizistische Zivilisation, nur die Lehre Christi – und sie allein – vermag dieses letzte Problem zu lösen. Nur in Christus wird das Antlitz des Menschen gerettet und zugleich die menschliche Gemeinschaft aufgerichtet. Nur im christlichen Geiste können Gesellschaft und Kultur aufgebaut werden, ohne dass ihnen die Persönlichkeit des Menschen zum Opfer gebracht werden muss. Um diese Ergebnisse aber zu zeitigen und die Krise der Kultur überwinden zu können, muss die christliche Wahrheit in ihrer ganzen Fülle vom christlichen Bewusstsein erfasst und im christlichen Leben verwirklicht werden.